KINDERGARTEN-SCHÜLERHORT
DER PFARRE MUTTERGOTTES
KLOSTERNEUBURGERSTR. 10
1200 WIEN   TEL. 333 84 28

Religion macht Kinder kompetent
11 Themen praxisnah aufbereitet

Josef Peterseil
Ulrike Stadlbauer

Religion macht Kinder kompetent
Elf Themen praxisnah aufbereitet

Mit einem Beitrag von
Silvia Habringer-Hagleitner

Fachbuchreihe Pädagogik
im Verlag
Unsere Kinder (Hg.)

Zur leichteren Lesbarkeit des Textes wird bei Begriffen wie „die Kindergartenpädagogin" nur die weibliche Bezeichnung verwendet. Natürlich sind damit immer auch die Kindergartenpädagogen ... mitgemeint.

Bildnachweis

Annemarie Baumgartinger: 35
Peter Brünnler: Umschlagrückseite/1
Udalrich Hack: 48
Barbara Höller: 25
Ingrid Krammer: 57
Iris Miniberger: 70
Andrea Motz-Artner: 74
Maria Neumüller: 87, 92
Thomas Peterseil: Umschlagrückseite/2
Sophie Tiller: 63
Privat: 42, 80, Umschlagrückseite/3
Erika Burzel, Weimar: Umschlagseite vorne

> Wir weisen darauf hin, dass das Kopieren zum Schulgebrauch aus diesem Buch verboten ist – § 42 Absatz (3) der Urheberrechtsgesetznovelle 1996: „Die Befugnis zur Vervielfältigung zum eigenen Schulgebrauch gilt nicht für Werke, die ihrer Beschaffenheit und Bezeichnung nach zum Schul- oder Unterrichtsgebrauch bestimmt sind."

Bestelladresse:

Das Buch ist im Buchhandel nicht erhältlich, sondern ausschließlich
über den Verlag der Fachzeitschrift Unsere Kinder:
A-4020 Linz, Kapuzinerstraße 84
Tel.: +43 (0) 732/7610-2091
Fax: +43 (0) 732/7610-2099
E-Mail: unsere.kinder@caritas-linz.at
Internet: www.unserekinder.at

© Verlag der Fachzeitschrift Unsere Kinder/
Caritas für Kinder und Jugendliche, Linz
Alle Rechte vorbehalten, insbesondere das Recht der Verbreitung
(auch durch Film, Fernsehen, Internet, fotomechanische Wiedergabe, Bild-,
Ton- und Datenträger jeder Art) oder der auszugsweise Nachdruck

1. Auflage (2006)
Lektorat: Anna Jungreithmayr, Linz
Umschlaggestaltung, Layout, Satz und Repro: Lois Jesner, Linz
Druck: LVDM Landesverlag-Denkmayr, Linz

ISBN 3-9500307-3-5

Inhalt

Vorwort 7
Religion macht Kinder kompetent 9
Religion im Kindergarten: fantasievoll und lebensnah (S. Habringer-Hagleitner) 13
Wie schön, dass du geboren bist 23
Du hast uns deine Welt geschenkt – Erntedank 33
Martin, Elisabeth, Nikolaus und Co. 41
Unterwegs zum Osterfest 47
Leid und Tod zur Sprache bringen 55
Miteinander reden 61
Wir reichen uns die Hände 69
Wir bauen eine Kirche 73
Fair streiten 79
Wir sind Kinder dieser einen Welt – Interreligiöses Lernen 85
Wir leben im gemeinsamen Haus – Solidarität ist gefragt 91

Vorwort

Im vorliegenden Buch werden in kurzen theoretischen Einführungen, zielführenden Reflexionsfragen und konkreten praktischen Umsetzungsbeispielen religiöse Themen des Kindergartenalltags aufgegriffen.

Der Beitrag der religiösen Erziehung zur Persönlichkeitsbildung und Kompetenzentwicklung eines jeden Kindes ist heute unumstritten. Ausgehend vom Recht des Kindes auf Religion ist daher religiöse Erziehung in Österreich in allen Landesgesetzen für Kindergärten (außer Wien) verankert.

Es ist uns ein Anliegen, religiöse Bildungssituationen nach dem Konzept des transaktionalen Ansatzes, der heute aus der modernen Pädagogik in Österreich nicht mehr wegzudenken ist, zu erarbeiten und weiterzugeben.

Mehrere Jahre beschäftigte sich ein Arbeitskreis von Kindergartenpädagoginnen aus Oberösterreich – unter der Leitung des Religionspädagogischen Institutes (RPI) in Kooperation mit der Caritas der Diözese Linz – mit diesem Thema. Allen, die mitgearbeitet und Beiträge aus Praxis und Theorie eingebracht haben, gilt mein herzlicher Dank. Mag. Josef Peterseil und Ulrike Stadlbauer ist ganz besonders für ihr Engagement bei der Erstellung dieses Buches zu danken sowie Frau Dr. Habringer-Hagleitner, die sich intensiv mit dem transaktionalen Ansatz aus religionspädagogischer Sicht auseinander gesetzt hat.

Bildung im 21. Jahrhundert hat sicherlich einen besonderen Stellenwert. Da Bildungsprozesse immer in einem Wertekontext stattfinden, war es uns ein Anliegen, auf religiös-christliche Themen im Rahmen der pädagogischen Arbeit sowohl in den öffentlichen als privaten und kirchlichen Kindergärten einzugehen.

Ich wünsche allen Leserinnen und Lesern, dass sie in ihrer Bildungsarbeit offen sind für die religiöse Entwicklung der Kinder und religiöse Fragen und Themen aktiv in ihre tägliche Arbeit einfließen lassen.

Mag. Renate Krenn
Verlagsleiterin Unsere Kinder

Religion macht Kinder kompetent

Kinder fragen nach Gott, sie fragen nach den Rätseln des Lebens, sie feiern kirchliche Feste. Wer unbefangen Kinder und ihre Welt wahrnimmt, kommt unweigerlich zum Schluss, dass Kinder sich den Grundfragen des Lebens auf ihre Weise stellen, dass sie kleine Philosophen und Theologen sind. Sie sind neugierig und erkunden ihre Umwelt, die trotz Säkularisierung vom christlichen Glauben geprägt ist.

Aufgrund des Trends zur Privatisierung von Religion und ihres Ersatzes durch Ethik sowie mancher pädagogischer Fehlleistungen (wie des pädagogischen Drucks zum gemeinsamen Gebet), die in den Medien thematisiert wurden, kam es in den letzten zehn Jahren zu einer Infragestellung der religiösen Erziehung im Kindergarten. Und obwohl religiöse Erziehung in allen Bundesländern außer Wien in den Kindergartengesetzen vorgesehen ist, wurde im neuen Bildungskonzept „Bildungsqualität im Kindergarten. Transaktionale Prozesse, Methoden, Modelle" (unter der Leitung von Dr. Hartmann) auf jeglichen Hinweis auf die religiöse Erziehung verzichtet.

2001 kam es zu einem gesamtösterreichischen Fachgespräch der Religionspädagogischen Institute und der kirchlichen Referentinnen für Kindergärten der Diözesen Österreichs, bei dem Frau Dr. Hartmann ihr Konzept vorstellte und Frau Dr. Habringer-Hagleitner aus religionspädagogischer Sicht dazu Stellung nahm. Aufgrund der sehr positiv geführten und fachlich ausgezeichneten Auseinandersetzung versprach Frau Dr. Hartmann, in einer Neuauflage beim Komplex der Selbstkompetenz des Kindes die Fähigkeit zum Philosophieren und Transzendieren zu ergänzen, was 2004 geschah.

Nach der Herausgabe des Didaktikbandes „Tagein – Tagaus" planten das RPI Linz (Josef Peterseil/Christa Forstner) und die Abteilung Kindergärten und Horte der Caritas für Kinder und Jugendliche der Diözese Linz (Ulrike Stadlbauer) das Projekt, Situationen im Alltag des Kindergartens religionspädagogisch auf dem Hintergrund des neuen Bildungskonzeptes aufzubereiten und in einem Handbuch herauszugeben. Drei Jahre lang erarbeitete ein Arbeitskreis von Praktikerinnen Bildungssituationen, wobei Fachleute aus dem (religions-) pädagogischen Bereich das Projekt begleiteten.

Religionspädagogischer Hintergrund

Die Autoren sind davon überzeugt, dass religiöse Erziehung einen wesentlichen Beitrag zur Persönlichkeitsbildung der Kinder leistet und für das Leben stark und kompetent macht. Sie sehen darin auch eine Werte-Erziehung, welche die Kinder zu selbstständigen, solidarischen und kritischen Menschen für ein Leben in der heutigen Gesellschaft bildet.

Sie fühlen sich dem diakonischen Ansatz in der christlichen Religionspädagogik verpflichtet, der religiöse Begleitung als zweckfreien Dienst an den Kindern in ihrer Subjektwerdung versteht. Dabei ist die jeweilige Religiosität des Kindes zu achten und dem Kind zu helfen, diese selbstständig weiterzuentwickeln. Das Angebot der christlichen Botschaft wird als Einladung verstanden, die besonders in der Beziehung zwischen Kindergartenpädagoginnen und Kindern in christlichen Verhaltensweisen zum Ausdruck kommt.

Die Autoren verwenden den Begriff Religiosität im weiteren Sinn und meinen damit Situationen, Erfahrungen, die betroffen machen, die die alltägliche Maschinerie übersteigen (transzendieren), die eine Offenheit zu einer jenseitigen Wirklichkeit aufweisen. Sie kann sich ereignen in liebevoller Beziehung zueinander, im Mitgefühl und Mitleiden am Schmerz und Leid eines anderen, im zweckfreien ernsten Spielen, im sorgsamen Umgang mit der Schöpfung, im freudigen Miteinanderfeiern ...

Religiöse Erziehung nimmt die Fragen der Kinder nach Gott, nach dem Woher und Wohin, nach dem Leid und dem Tod ernst, greift sie auf und versucht mit den Kindern Antworten zu finden.

Dabei spielt die religiöse Tradition der Eltern eine wesentliche Rolle. Kindern wird die Möglichkeit geboten, sich dieser bewusst zu werden und tolerant mit anderen Religionen umzugehen.

Die christliche Dimension lässt sich zu drei zentralen Kernpunkten zusammenfassen:

- Absolute Lebensbejahung, weil Gott ein Gott des Lebens ist, der das Leben bejaht und trägt.
- Solidarisches Handeln, weil Gott auf der Seite der Kleinen, Armen, Entrechteten steht.
- Erlöstes Dasein, weil Gott das unvollkommene, schuldig gewordene Leben in ein neues Leben überführt.

Diese drei Grundlinien (siehe dazu auch Habringer-Hagleitner, S. 17) ziehen sich durch das Projekt.

Aus pädagogischer Sicht werden die Kinder als Subjekte und Konstrukteure ihrer eigenen Wirklichkeit verstanden, wie es auch das neue Bildungskonzept formuliert. Auch im Bereich der religiösen Begleitung besteht also die Aufgabe der Kindergartenpädagogin darin, Impulse zu geben, eine entsprechende Umgebung zu schaffen, sodass die Kinder das für sie Bedeutsame nehmen und eigenständig verarbeiten, lernen können. Dieser Lernprozess der Kinder ist der eigentliche Inhalt der religiösen Erziehung und Begleitung, nicht das, was wir an die Kinder herantragen.

Dieses Projekt ist entstanden aus dem Bewusstsein, dass Kinder ein Recht auf Religion haben, wie es sowohl die Kinderrechte als auch die Menschenrechte formulieren. Der Staat anerkennt dieses Recht durch Gesetze, die eine religiöse Begleitung ermöglichen.

Dabei brauchen Kinder Menschen, Kindergartenpädagoginnen, die sich mit ihnen – nicht für sie – den elementaren Lebensfragen stellen, die mit ihnen Antworten suchen und in einem „Garten des Menschlichen", dem Kindergarten, zu leben versuchen.

Ulrike Stadlbauer und Josef Peterseil

Kindergartenpädagoginnen des Arbeitskreises:

Christa Forstner (RPI Linz), Andrea Furtner (Gemeindekindergarten St. Gotthard bei Walding), Christine Pointner (Übungskindergarten der BAKIP des Bundes in Linz), Hannelore Lettner (Pfarrcaritaskindergarten Leonding), Iris Miniberger (Pfarrcaritaskindergarten Schleißheim bei Wels), Barbara Höller (Pfarrcaritaskindergarten Neukirchen bei Altmünster), Maria Reinsperger (Caritas für Kinder und Jugendliche Linz).

Weitere Praxisberichte stammen von Annemarie Baumgartinger, Margit Pichler, Andrea Motz-Artner und Mathilde Leeb.

Experten:

Dr. Silvia Habringer-Hagleitner (Kath.-Theol. Privatuniversität Linz), Dipl.-Theol. Martin Kranzl-Greinecker (Fachzeitschrift Unsere Kinder), Maria Reinsperger (Caritas für Kinder und Jugendliche Linz).

Zur Struktur des Buches

Nach einer Einleitung befasst sich Frau Dr. Habringer-Hagleitner mit dem neuen Bildungskonzept für die österreichische Kindergartenpädagogik aus religionspädagogischer Sicht. Elf Bildungsthemen haben sich durch die Praxis der Arbeitskreismitglieder ergeben. Sie sind folgendermaßen aufgebaut:

- Jedes Kapitel beginnt mit allgemeinen, aktuellen Gedanken zum Themenbereich.
- Der religionspädagogische Hintergrund gliedert sich in eine religiöse und eine christliche Dimension. Wichtige theologische Grundlinien werden aufgezeigt.
- Die Bildungssituation wird eingeleitet mit einer Kurzbeschreibung des Kindergartens, aus dem das Praxisbeispiel stammt. Damit wird das Umfeld der Einrichtung verdeutlicht.
- Die folgenden Kompetenzen und transaktionalen Prozesse beziehen sich auf die jeweilige beschriebene Bildungssituation.
- Religionspädagogische Tipps, Anregungen für die Team- und die Elternarbeit runden das Thema ab. Weiters ist es ein Anliegen, die persönliche Reflexion der Kindergartenpädagogin durch Fragen mit einzubeziehen.
- Einige Themenbereiche werden ergänzt durch Exkurse, die den Bildungsschwerpunkt vertiefen.
- Fach- und Kinderliteratur schließt das Thema ab.

Silvia Habringer-Hagleitner

Religion im Kindergarten
fantasievoll und lebensnah

Das neue Bildungskonzept für die österreichische Kindergartenpädagogik aus religionspädagogischer Sicht

Welche Rolle sollen Religion und Christentum im Kontext pluraler Wirklichkeit im Kindergarten von heute noch spielen? Ist religiöse Erziehung überhaupt Aufgabe öffentlicher Kinderbetreuungseinrichtungen? In den letzten sechs Jahren sind in Österreich diese Fragen immer wieder in politischen Diskussionen aufgeflackert. Im selben Zeitraum gab es Veränderungen im allgemeinen Bildungskonzept für die Kindergärten, welche auch für die Religionspädagogik nicht ohne Folgen blieben: Ausgangspunkt der Veränderungen war, dass der bisherige österreichische Rahmenplan zur Kindergartenpädagogik[1] nicht mehr für die schulische Ausbildung der Kindergartenpädagoginnen approbiert wurde.[2] Aus diesem Grund erarbeitete das Charlotte-Bühler-Institut der Universität Wien unter der wissenschaftlichen Leitung von Dr. Waltraut Hartmann ein neues Bildungskonzept. Dieses wurde unter dem Titel „Bildungsqualität im Kindergarten. Transaktionale Prozesse, Methoden, Modelle"[3] im Jahr 2000 als Schulbuch für das Fach Didaktik an den BAKIPs zugelassen.

Unter dem Titel „Tagein – Tagaus. Kindergartenalltag macht Kinder kompetent"[4] wurde 2002 ein Praxisband für den Didaktikunterricht herausgegeben, der das neue Bildungskonzept zusätzlich verständlich und handhabbar machen soll.

Im Gegensatz zum Rahmenplan von Niederle u.a. enthält das neue Bildungskonzept kein Kapitel zur religiösen Erziehung im Kindergarten. Dies hat innerhalb der Religionspädagogischen Institute und auch bei Kindergartenpädagoginnen zu der Frage geführt, ob damit das Ende der religiösen Erziehung im Kindergarten eingeläutet bzw. wie aus religionspädagogischer Sicht mit dem neuen Bildungskonzept umzugehen sei. Die diversen Landesgesetze zu den Kindergärten enthalten nämlich nach wie vor Aussagen zur ethisch-religiösen Bildung:

Die Kindergartenerziehung habe „die Grundlage der Religion bewusst zu machen und die religiöse Erziehung in den gesamten Erziehungsvorgang einzubeziehen"[5]. Oder: Der Kinder-

---

1 Charlotte Niederle/Elisabeth Michelic/Friederike Lenzeder: Bildung und Erziehung im Kindergarten. Bildungs- und Erziehungsziele, Methodische Hinweise, Praktische Anregungen, Neubearbeitung, Wien 1987.
2 Betont wird in diesem Zusammenhang immer wieder, dass der alte Rahmenplan damit allerdings keineswegs aufgehoben sei oder an Gültigkeit verliere. Vgl. Maria Neulinger: Neues Bildungskonzept für den Kindergarten des 21. Jahrhunderts, in: Pädagogische Impulse, hg. vom CLV Oberösterreich, 3/2000, 12.
3 Waltraut Hartmann/Martina Stoll/Natalie Chisté/Michaela Hajszan: Bildungsqualität im Kindergarten. Transaktionale Prozesse, Methoden, Modelle. Band 2 der Praxisreihe des Charlotte-Bühler-Instituts, Wien 2000.
4 Gabriele Bäck/Natalie Bayer-Chisté/Michaela Hajszan: Tagein – Tagaus. Kindergartenalltag macht Kinder kompetent. Band 1 der Praxisreihe des Charlotte-Bühler-Instituts, Wien 2002.
5 Vgl. Vorarlberger Kindererziehungsplan aus dem Jahre 1975.

garten hat „... die Anlagen der Kinder nach grundlegenden sittlichen, religiösen und sozialen Werten ihrer Entwicklung entsprechend zu entfalten"[6].

Ich möchte im Folgenden also die Frage stellen, ob das neue Bildungskonzept Anknüpfungspunkte für religionspädagogisches Handeln im Kindergarten bereithält und wenn ja, welche. Kann die aktuelle Religionspädagogik eigene Anliegen in diesem neuen Konzept wiederfinden und inwiefern werden darin aus christlicher Sicht wichtige Akzente in der Bildungsarbeit mit den Kindern gesetzt?

In einem weiteren Schritt wird gefragt, wo das neue Bildungskonzept aus religionspädagogischer Sicht Ergänzungen benötigt. Damit soll der Versuch des vorliegenden Buches, das neue Bildungskonzept um die anthropologische Dimension existenziell-religiöser Fragen zu erweitern, unterstrichen werden.

1. Mögliche Anknüpfungspunkte für religionspädagogisches Handeln im Rahmen des neuen Bildungskonzepts

Das Bild von Kindern

Das neue Bildungskonzept stellt im Anschluss an Rousseau, Pestalozzi, Key, Montessori und Korczak „das Kind in den Mittelpunkt", was bedeutet, dass Kinder als gleichwertig angesehen werden, dass sie als individuelle Persönlichkeiten mit dem Anspruch auf Würde und dem Recht auf Selbstbestimmung geachtet werden. Erziehung wird in der Folge als „begleitendes Wachsenlassen" verstanden.[7] Es gibt zwar keine „jesuanische Religionspädagogik" in dem Sinne, dass Jesus von Nazaret Hinweise zur (religiösen) Erziehung von Kindern gegeben hätte, sein in den Evangelien überliefertes Verhalten Kindern gegenüber, seine Aussagen über die „Kleinen und Geringen" lassen allerdings Schlüsse darauf zu, welche Bedeutung Kinder für ihn hatten. Den Kindern gesellschaftlich einen zentralen Raum zuzuweisen, sie in den Mittelpunkt des Interesses und der Zuwendung zu stellen ist Mk 9,36 zufolge ganz im Sinne des Jesus von Nazaret. Während es keine biblischen Zeugnisse der religiösen Unterweisung von Kindern durch Jesus gibt, findet sich in Mt 18,3.10 jene Stelle, in der Jesus von der natürlichen Nähe der Kinder (und aller „Kleinen", Marginalisierten) zu Gott spricht: „Wenn ihr nicht umkehrt und wie die Kinder werdet, könnt ihr nicht in das Himmelreich kommen ... Hütet euch davor, einen von diesen Kleinen zu verachten! Denn ich sage euch: Ihre Engel im Himmel sehen stets das Angesicht meines himmlischen Vaters."

Diese biblischen Aussagen erinnern an das romantische Bild vom Kind, wie es Jean-Jacques Rousseau zeichnet und wie es im neuen Bildungskonzept ein Stück weit übernommen wird.

Überall dort, wo die Subjekthaftigkeit und die Kompetenz von Kindern im neuen Bildungskonzept betont wird, wo versucht wird, der Eigenständigkeit und der individuellen Selbstwerdung von Kindern pädagogisch gerecht zu werden, finden sich gute Anknüpfungspunkte für eine Religionspädagogik, die sich als Begleiterin von Kindern in ihrer religiösen Entwicklung versteht.

---

6 Vgl. Oberösterreichisches Kindergartengesetz.
7 Vgl. W. Hartmann u.a.: Bildungsqualität im Kindergarten, 57.

Theologisch-religionspädagogische Anknüpfungspunkte an den Transaktionsansatz

Der Transaktionsansatz betont, dass bestmögliche Entwicklung dann stattfindet, wenn sich die Austauschprozesse Objektivieren, Subjektivieren, Aneignen und Vergegenständlichen in Balance befinden. Je nach kulturellen Bedingungen kann es aber zu Ungleichgewichten im Kräfteverhältnis des Selbst-Umwelt-Bezuges kommen. Die Autorinnen des neuen Bildungskonzepts orten in unserer Konsumgesellschaft ein Übermaß an Prozessen des Aneignens, während die Prozesse des Vergegenständlichens und Mitgestaltens nicht ausreichend ermöglicht und gefördert werden. Dadurch werde die Kreativität der Menschen blockiert. Um hier entgegenzuwirken, sollte der soziale und kulturelle Lebensraum Kindergarten den „Kindern ausreichend Möglichkeiten des Vergegenständlichens bieten, indem sie ihre Umwelt aktiv gestalten dürfen und ihre Wünsche, Ideen und Bedürfnisse verwirklichen können"[8].

Bei einem solchen globe-[9] und balanceorientierten Konzept, in dem der Kindergarten zum kritischen Korrektiv konsumgesellschaftlicher Fehlentwicklungen wird, kann die gegenwärtige Religionspädagogik gut ansetzen. Glaubenlernen ist immer auch ein „Gegen-Lernen"[10] im Sinne des Widerstands gegen todbringende, lähmende Kräfte, die die Menschen von ihren ursprünglichen Bedürfnissen, ihrem aufrechten Gang entfremden. Es geht um den „Widerstand gegen die Trends, die uns zu vordergründigen und falschen Lösungen der lebensgeschichtlichen und gesellschaftlichen Reifungsaufgaben drängen"[11].

Wenn im neuen Bildungskonzept der Schwerpunkt auf das Vergegenständlichen gelegt wird, so ist das aus christlich-theologischer Sicht zu begrüßen. Schöpfungstheologisch gesprochen sind die Menschen geschaffen, um Anteil zu nehmen an der Weltgestaltung. Gemäß dem jüdisch-christlichen Schöpfungsglauben sind die Menschen als Ebenbilder Gottes, der ein Erschaffender ist, selber Schaffende. Die Aufgabe der Menschen besteht darin, die Welt zu gestalten, daher ist es nur selbstverständlich, dass Kinder glücklich sind, wenn sie etwas tun können, wenn sie ihre Umgebung verändernd gestalten können.

Theologisch gesehen gibt es allerdings auch eine Balance zur schaffenden, gestaltenden Energie des Menschen, die darin liegt, dass sich Menschen als Geschaffene, Empfangende, Beschenkte, ohne Vorleistung Geliebte und Einfach-da-sein-Dürfende erleben. Das bedeutet, es gibt zu einem handlungsorientierten Ansatz (actio), wie er im neuen Bildungskonzept dargestellt wird, aus religionspädagogischer Sicht die notwendige Balance der Entspannung, des Ruhigwerdens und Innehaltens, also die contemplatio. Im ersten Band des neuen Bildungskonzepts kommt dies wenig zur Sprache.[12] Dagegen findet sich im Praxisband „Tagaus – Tagein" das Kapitel „Zeit und Muße", in dem auf diese Dimension mehrfach eingegangen wird. So heißt es da etwa: „Vor Überforderung durch all diese Eindrücke schützen sich Kinder mit kleinen Pausen. Sie ziehen sich zurück, schalten ab, beobachten und konzentrie-

---

8 Ebd., 76.
9 Der Begriff „Globe" stammt aus dem Konzept der themenzentrierten Interaktion und meint das politische, gesellschaftliche, ökologische Umfeld, das eine lernende Gruppe beeinflusst.
10 „So ist das Glaubenlernen, da es den Glauben als heilsame Alternative nahe bringen will, seinem Wesen nach ein ‚Gegen-Lernen'; als solches muss es den Lernenden dazu befähigen, die vielfältigen Beeinflussungen, denen er immer schon ausgesetzt ist, so weit als möglich zu durchschauen und die jeweils vorherrschenden Plausibilitäten kritisch zu prüfen." In: Jürgen Werbick: Glaubenlernen aus Erfahrung. Grundbegriffe einer Didaktik des Glaubens, München 1989, 32.
11 Ebd.
12 Im Kontext der Raumausstattung werden „Möglichkeiten für Entspannung und Rückzug" eingefordert, im Bild vom Kind heißt es: „Kinder brauchen Zeit und Muße." In: W. Hartmann u.a.: Bildungsqualität im Kindergarten, 81 u. 84.

ren sich für einige Zeit nur auf ein Spiel oder auf sich selbst ... Zeiten des Rückzugs dürfen nicht mit unproduktiven Leerläufen verwechselt werden: Jeder Moment, den Kinder ganz bei sich verbringen, versunken in ihre Gedanken, in ihr Spiel oder in Beobachtungen, trägt nicht nur zu ihrer emotionalen Ausgeglichenheit bei, sondern ist auch ein wichtiger Schritt auf dem Weg zu mehr Konzentration und Ausdauer."[13] Daraus folgt, dass im Kindergarten spezielle Rückzugsmöglichkeiten in Form von Zelten, Höhlen, Nischen oder Winkeln vorhanden sein müssen, die individuell und gemütlich gestaltet werden können. Unter dem Titel „Mehr Erlebnis-Qualität durch Langsamkeit" verweisen die Autorinnen des Praxisbandes darauf, dass im Kindergarten Alternativen zur Alltagshast erlebbar gemacht werden können. „Schauen, Trödeln, Nachdenken und Hinhören und Behutsamkeit gegenüber Dingen und Menschen sind Möglichkeiten, erfüllte Augenblicke zu erleben. In unserer Zeit, die von Hektik und Zeitstress geprägt ist, gewinnen Haltungen wie Geduld, Warten-Können oder Nachdenklichkeit mehr an Bedeutung denn je zuvor. Hier kann der Kindergarten gesellschaftlichen Trends entgegenwirken."[14]

Aus religionspädagogischer Sicht sind die Bereitstellung von Rückzugsräumen, das Gewähren von Stille und Langsamkeit, das Fördern des Bei-sich-sein-Könnens wesentliche Elemente spiritueller Pädagogik.

Die Autorinnen des neuen Bildungskonzepts betonen in ihren Grundsatzüberlegungen immer wieder, dass Alltagssituationen im Kindergarten als Lernsituationen zu verstehen sind und daher Bildung und Betreuung im Kindergarten nicht länger als getrennte Bereiche angesehen werden dürften. „Das Alltägliche ist ‚Lernort' und bietet den Kindern die ständige Chance, ihr Leben eigenständig zu bewältigen und zu gestalten. So erleben die Kinder den Kindergarten nicht als künstliche, sondern als reale Welt"[15], schreibt die Kindergartenpädagogin Gerti Reischl. Die hier vertretene Religionspädagogik geht davon aus, dass das Alltägliche auch der Lernort des Glaubens ist. Gott zeigt sich in allen Dingen – so Ignatius von Loyola –, im langweiligen, schwierigen Alltag ebenso wie im fröhlichen. Die göttliche Kraft offenbart sich nach christlichem Verständnis in den Menschen und in ihrem Miteinander, in Situationen, wo sie wie die Jünger von Emmaus zueinander sagen können: „Brannte uns nicht das Herz?" Sie offenbart sich im Einander-Zuwenden, in der körperlich-geistigen Begegnung, im Spiel und im Streit. Der christliche Gott ist ein Mitseiender in menschlichen Handlungen, daher kann in religionspädagogischen Lernprozessen auch dort nach ihm gesucht werden.

Ein wesentliches Element im transaktionalen Ansatz ist aufgrund seiner ökologischen Perspektive die Öffnung des Kindergartens nach außen, damit ein intensiver Austausch zwischen den verschiedenen Sozialisationswelten, in denen Kinder aufwachsen, gegeben ist. „Deshalb sollte der Kindergarten sowohl mit den Familien der Kinder als auch mit der Gemeinde – sei es im kommunalen oder im kirchlichen Bereich – zusammenarbeiten."[16]

Mit diesem offenen Blick auf die Umwelt des Kindes als entscheidendem Entwicklungsfaktor kann also auch die Pfarrgemeinde in den Blick rücken und es wird die Frage sein, wel-

---

13 G. Bäck u.a.: Tagein – Tagaus, 37.
14 Ebd., 39f.
15 Gerti Reischl, Kindergartenpädagogin, in: W. Hartmann u.a.: Bildungsqualität im Kindergarten, 88.
16 Ebd., 82.

che wechselseitigen Beziehungen zwischen Kindergarten und Pfarrgemeinde möglich und für die Kinder bereichernd sind.

Ansatzpunkte bei Strukturqualität, Prozessqualität und pädagogischer Orientierungsqualität

Die Qualität der Kindergartenarbeit hängt – so das neue Bildungskonzept – von drei Aspekten ab: der Strukturqualität, der Prozessqualität und der Orientierungsqualität.

Eine Religionspädagogik, die eine diakonische Perspektive einnimmt und damit ein politisch-strukturelles Handeln im Interesse aller am Kindergartenleben Beteiligten einschließt, wird sich eingehend mit den jeweiligen strukturellen Bedingungen des Kindergartens auseinander setzen. Religionspädagogisches Handeln bedeutet dann, dafür zu sorgen, dass das Zusammenleben von Kindern und Kindergartenpädagoginnen, Helferinnen, Köchinnen, Reinigungskräften unter bestmöglichen Bedingungen gelingen kann.

Was die Prozessqualität betrifft, so wird eine religionspädagogische Perspektive ihr Hauptaugenmerk auf die Entwicklung der Beziehungen untereinander legen. Wenn Glaubenlernen wesentlich Beziehungslernen ist, dann ist es im Rahmen der Prozessqualität von Interesse, wie sich liebevolles Zueinander in den jeweiligen Interaktionen realisiert oder noch ausständig ist.

In Bezug auf die Orientierungsqualität, die sich in den pädagogischen Vorstellungen und Überzeugungen, aber auch in ihren Wertvorstellungen ausdrückt, kann die jüdisch-christliche Botschaft Kriterien für Lehr-Lern-Prozesse bieten, die einen befreiten und aufrechten Gang der Kinder und Kindergartenpädagoginnen fördern. In der Orientierung am Befreiungshandeln Jesu Christi können drei Dimensionen handlungsmotivierend sein. Erstens die absolute Bejahung des Lebens, Lebenslust und Dankbarkeit, zweitens der solidarisch-empathische Blick auf die Schwächeren und Marginalisierten in der jeweiligen Gemeinschaft, drittens die Schuldfähigkeit im Sinne der Fähigkeit, mit eigenen Grenzen, Unvollkommenheiten und Misserfolgen befreit umgehen zu können.[17]

Ansatzpunkte im Rollenverständnis der Kindergartenpädagogin

Um die Anliegen des neuen Bildungskonzepts zu illustrieren, nehmen die Autorinnen persönliche Mitteilungen der Kindergartenpädagogin Gerti Reischl in ihr Buch auf. Hier kann aus religionspädagogischer Sicht sehr gut angeknüpft werden, etwa wenn Reischl in Bezug auf ihr Rollenverständnis sagt: „Als Kindergartenpädagogin möchte ich für die Kinder in erster Linie Mensch, Begleiterin, Gegenüber und Vermittlerin zwischen Außenwelt und Innenwelt sein. Ich bin bestrebt, dass die Würde der einzelnen Kinder nicht verletzt wird, und weise, wenn nötig, auf Grenzen und deren Einhaltung hin."[18]

Aus religionspädagogischer Sicht gehört es zu den wesentlichsten Grundbedingungen pädagogischer Beziehungen, dass die Erzieherinnen sich ihrer Gefühle, Einstellungen, Vorlie-

---

[17] Dies wird in meiner Habilitationsschrift „Lieben, was ist. Zusammenleben im Kindergarten aus religionspädagogischer Perspektive", Linz 2005, in Kapitel 4 und 5 genauer ausgeführt.
[18] Gerti Reischl, Kindergartenpädagogin, in: W. Hartmann u.a.: Bildungsqualität im Kindergarten, 88.

ben und Abneigungen bewusst sind und als authentische Personen den Kindern gegenübertreten, also keine antrainierte Rolle spielen.

An anderer Stelle meint Reischl: „Beobachtung, gepaart mit Empathie, wird zur Grundhaltung dem Kind gegenüber. Die Beobachtung bleibt dabei nicht an Oberflächlichkeiten und einzelnen Fertigkeiten hängen. Wesentlich sind vielmehr Fragen wie: Wie geht es dem Kind jetzt in diesem Moment, in dieser Situation? Wie fühlt es sich in der Beziehung mit anderen? Die Sensibilisierung für die Bedürfnisse der Kinder wird wesentlich. Wenn die Erzieherin diese Bedürfnisse ernst nimmt – z.B. sich bemüht, eine entsprechende Spielumgebung für das Rollenspiel zu schaffen –, fühlen sich die Kinder absolut ernst genommen."[19] Empathische Begegnung und echte Anteilnahme führen nach Reischl zu einer ehrlichen und echten Beziehung zwischen Kind und Erzieherin, die das „Freilassen" der Kinder ohne Kontrolle durch den Erwachsenen möglich mache. Im Anschluss an biblische Bilder ließe sich dieses Rollenverständnis auch als das einer „guten Hirtin" bezeichnen. Die Pädagogin sorgt wie eine Hirtin für die passende Umgebung, in der die Kinder sich gut und eigenständig bewegen, nähren und wachsen können. Sie beobachtet einfühlsam und fragt sich nach den innersten Bedürfnissen der Kinder. Und sie sieht sich als Hüterin der Würde der Einzelnen. Sie setzt Grenzen, wo Verletzungen passieren. Dazu meint Gerti Reischl weiters: „Gelegentlich müssen ‚Akteure' auch in ihre Grenzen gewiesen werden, weil sie zu laut sind und damit andere Kinder stören. Konflikte werden aber meist sehr selbstständig gelöst. Ich habe eher die Funktion eines ‚Sprachrohrs' für Einzelne, helfe den Kindern, sich zu artikulieren, und kläre, wenn nötig, Missverständnisse auf. Oft werden Konflikte in der täglichen Abschlussrunde noch einmal zur Sprache gebracht. Gemeinsam suchen wir die Gründe für die Streitereien und besprechen Verhaltensalternativen und Lösungen. Dabei lernen die Kinder, für sich selbst zu sprechen und anderen zuzuhören."[20]

Die tägliche Reflexion des Erlebten und die damit verbundene Selbstvergewisserung bezüglich Gelungenem, Misslungenem, Erfreulichem und Schmerzhaftem gehört – wenn wir etwa die Schriften Ignatius von Loyolas hernehmen – zu den alten Traditionen christlicher Spiritualität. Sie kann als tägliche Einübung in Lebensfreude, Konflikt- und Schuldfähigkeit verstanden werden.

Auch jene religionspädagogischen Ansätze, die die Aufgabe religiöser Erziehung in der Einübung der Selbstkonfrontation sehen,[21] werden gut bei täglichen Abschlussrunden anknüpfen können, in denen die Fragen lauten: „Was hat mich heute gefreut? Was hat mich geschmerzt? Was hat mir gefallen? Was hat mir nicht gefallen? Wo war ich mit mir zufrieden, wo nicht?"

2. Anfragen aus religionspädagogischer Sicht

Zu den Rechten des Kindes und zum Bild vom Kind

Um den neuen Bildungsansatz zu begründen, beziehen sich die Autorinnen auch auf die 1989 von den Vereinten Nationen verabschiedete „Konvention über die Rechte des Kindes"

---

19 Dies., in: ebd., 87f.
20 Dies., in: ebd., 89.
21 Vgl. Kurt Schori: Religiöses Lernen und kindliches Erleben. Eine empirische Untersuchung religiöser Lernprozesse bei Kindern im Alter von vier bis acht Jahren, Stuttgart/Berlin/Köln 1998.

und nennen dabei ausdrücklich mehrere Artikel, die die Rechte des Kindes auf Person, auf Beziehung und auf Lebensraum beschreiben. Aus religionspädagogischer Sicht bedauerlich ist dabei die Tatsache, dass Artikel 14 der Kinderrechtskonvention, in dem „das Recht des Kindes auf Gedanken-, Gewissens- und Religionsfreiheit" beschrieben wird, nicht explizit aufgegriffen wird. In einer Zeit, in der interkulturelles und interreligiöses Lernen wichtiger sind denn je, weil die Religionen und Kulturen durch Globalisierung und Migration zusammenrücken, müsste ein zeitgemäßer Ansatz auch auf dieses Recht eingehen.[22] Kinder fühlen sich – so meine Erfahrung aus dem wiederholten Besuch eines Kindergartens mit überdurchschnittlich vielen muslimischen und serbisch-orthodoxen Kindern – gerade auch dann wahr- und ernst genommen, wenn die religiösen Traditionen ihrer Familien angesprochen werden.[23] Wenn also in der Erstauflage des neuen Bildungskonzepts das Recht des Kindes auf Religion und religiöse Kultur nicht aufgegriffen wurde, dann wohl auch, weil in dem von den Autorinnen gezeichneten „Bild vom Kind" ebenfalls die religiös-spirituelle Dimension fehlt. In der Zweitauflage von 2004 findet sich erfreulicherweise ein Zusatz, der auf die kindlichen Fähigkeiten „zum Philosophieren und Transzendieren" verweist.[24]

Kinder werden im neuen Bildungskonzept als die aktiven, kompetenten Gestalter ihrer Wirklichkeit beschrieben, betont wird, dass sie ihre eigene Kultur schaffen, dass sie daher Lebensräume brauchen, die sie gestalten können, dass Kindsein eine eigene Qualität hat und Kinder daher ein Recht auf Andersartigkeit haben. All das kann aus religionspädagogischer Sicht unterstrichen werden – gerade auch im Hinblick auf Religiosität, auf die Frage nach einer Transzendenz. Ein ganzheitliches Verständnis von Kindern und Kindheit weiß darum, dass Kinder offen sind für die ganz anderen, unsichtbaren Wirklichkeiten des Daseins. Neben ihrem Realitätssinn verfügen sie – gerade im Kindergartenalter – über die Kraft des magischen Denkens, sie beschäftigen sich mit Geistern, Hexen, Vampiren, Engeln und Gespenstern. Die Welt kindlicher Fantasie ist reich an unsichtbaren Gestalten, die eine Faszination ausüben. Zu beobachten ist weiters ein tiefgehendes Interesse von Kindern an eschatologischen Fragestellungen, an Fragen nach Leben und Tod. Will man also eine ganzheitliche Entwicklung im Kindergarten fördern, müssen Kinder – und das ganz im Sinne des neuen Bildungsansatzes – in ihrer religiösen, philosophischen und theologischen Kompetenz wahr- und ernst genommen werden. Sie brauchen dazu Räume, in denen sie ihre religiös-spirituelle Kultur entfalten können.

Auffallend ist auch, dass im beschriebenen „Bild vom Kind" das in der Religionspädagogik viel zitierte Bedürfnis von Kindern nach Ritualen nicht genannt wird. Das erscheint umso erstaunlicher, als die gängige Praxis in den Kindergärten gerade am Beispiel der rituellen Geburtstagsfeiern zeigt, wie wesentlich für Kinder diese Form des sich wiederholenden Tuns ist. Vertrautheit, Geborgenheit, Sicherheit – diese Dimensionen sind Kindern ein ebenso großes Bedürfnis wie Freiheit und selbstständiges Gestalten-Können. Rituelle „Bergeformen"[25], die ein gemeinsames Erleben bekräftigen oder das Dasein einer größeren Wirklichkeit an-

---

22 Vgl. Josef Peterseil: Religion – nichts für kleine Kinder? Ersetzt ethische Bildung religiöse Erziehung im Kindergarten?, in: Ein-Blick, H. 2 (2000/01), 8; Friedrich Schweitzer: Das Recht des Kindes auf Religion. Ermutigungen für Eltern und Erzieher, Gütersloh 2000.
23 In eindrücklicher Erinnerung ist mir das strahlende Gesicht der fünfjährigen S., als ich sie fragte, ob sie im Ramadan, der gerade war, auch fastet. Gleich wollte sie auch von mir wissen, ob ich den Ramadan halte.
24 Vgl. Nachdruck der Erstauflage, Wien 2004, 65; vgl. dazu auch: S. Habringer-Hagleitner: Lieben, was ist, 13.
25 Diesen Begriff entwickelte der ehemalige Schulamtsleiter Dr. Josef Janda im April 2001 in einem religionspädagogischen Dialog zwischen Schulamt, RPI, PÄDAK und Kath.-Theol. Privatuniversität in der Diözese Linz.

vertrauen, erscheinen aus religionspädagogischer Sicht ein unverzichtbarer Teil pädagogischer Arbeit im Kindergarten, weil sie einem existenziellen Bedürfnis von Kindern entsprechen.

Wenn im Buch „Bildungsqualität im Kindergarten" ein umfassendes Bildungsverständnis postuliert wird, so scheint dieses hier noch nicht ganz ausgefaltet zu sein. Von umfassender oder ganzheitlicher Bildung kann nur gesprochen werden, wenn die spirituell-religiöse Entwicklung eines Kindes/Menschen mitbedacht wird. Kinder sind nicht nur mit Lust Gestaltende, sie sind auch nach dem Woher und Wohin der Welt und des Lebens Fragende. Und sie sind in ihrem Lebenswillen verbunden mit einer Liebeskraft, die das rein Menschliche übersteigt.

Zu Aufgabe und Funktion des Kindergartens

Immer wieder wird im neuen Bildungskonzept die individuelle Entwicklungsmöglichkeit des Kindes betont. In einer Zeit der Individualisierung, die vom Einzelnen große Ich-Stärke und die Fähigkeit zur Selbstinszenierung verlangt, ist dies auch ein wichtiges Anliegen. Gleichzeitig heißt es aber im „Bild vom Kind" einmal: „Kinder haben physische und psychische Grundbedürfnisse: Sie streben sowohl nach Unabhängigkeit als auch nach Zugehörigkeit. (...) Kinder haben ein Bedürfnis nach Kommunikation."[26] Dementsprechend ist es notwendig, in Balance zur Individualität der Kinder auch die gemeinschaftliche Dimension des „Wir in der Gruppe" in das Konzept bewusst aufzunehmen. Wenn Kinder immer in kleinen, selbst gewählten Untergruppen miteinander spielen, kann das Gefühl für die Gemeinschaft der Gesamtgruppe leicht verloren gehen. Die Realität der Gesamtgruppe – wie immer sie auch zusammengesetzt ist – hat aber immer auch Auswirkungen auf das einzelne Kind. Die Aufgabe des Kindergartens als eigenständiger Lebensraum ist es, ein gutes Zusammenleben aller zu ermöglichen. Die Frage, wie das gelingen kann, ist immer eine Frage der gesamten Gruppe, des gesamten Kindergartens. Praktische Modelle wie jenes der Kinderkonferenz, die im Buch dargestellt sind, werden dieser Dimension gerecht. Insgesamt erscheint es aber aus religionspädagogischer Sicht notwendig, die Balance von Autonomie und Interdependenz deutlicher herauszuarbeiten, als dies bislang der Fall ist.

Zur Rolle und Persönlichkeit der Kindergartenpädagogin

Im Rahmen des neuen Bildungskonzepts wird die Kindergartenpädagogin stärker als bisher aufgefordert, sich Rechenschaft über ihre Werthaltungen, pädagogischen Einstellungen zu geben und an ihrer Persönlichkeit zu arbeiten.

Was mir auf dem Hintergrund langjähriger Fortbildungsarbeit mit Kindergartenpädagoginnen aber fehlt, ist die Frage nach den Kraftquellen der Pädagoginnen. Angesichts der enormen Herausforderungen, denen sie sich tagtäglich zu stellen haben, angesichts der Gefahr dabei auszubrennen müssen Möglichkeiten des Regenerierens, des Kraftschöpfens, des Neuwerdens bewusst zur Hand sein. Die Frage ist daher, wie die Kindergartenpädagogin selber aufrecht, selbstbewusst und stark durch ihr Leben und den Kindergartenalltag gehen kann. Wo findet sie im Rahmen des Lebensraumes Kindergarten Stärkung?

---

26 W. Hartmann u.a.: Bildungsqualität im Kindergarten, 83.

Parallel zum Bild vom Kind wird in den Selbstreflexionen, die von der Kindergartenpädagogin erwartet werden, die Frage nach ihrem eigenen Bezug zu Spiritualität, Religion und Christentum, zur Gottesfrage ausgespart. Aus religionspädagogischer Sicht sind diese Fragen unverzichtbar. Eine dahingehend bewusste Pädagogin wird sich immer wieder fragen, welche Hoffnungen ihr Handeln und ihr Sein mit den Kindern tragen und ob sie sich im Transzendenten verankert oder nicht. Findet sie in sich religiöse Bewegtheiten wie etwa die Hoffnung, dass es eine göttliche Kraft der Liebe gibt, die alles hält, dann wird sie sich die Frage stellen, was und wie sie von dieser religiös-spirituellen Bewegtheit ihren Kindern mitteilen will. In ihrer Haltung werden die Kinder auch das Unausgesprochene spüren. Die Frage ist, wie weit eine Kindergartenpädagogin ihren Glauben, ihre Hoffnung oder ihr Vertrauen auf eine größere Liebe explizit machen kann, will und soll.

Spätestens zu dem Zeitpunkt, zu dem Kinder mit philosophisch-theologischen Fragen nach dem Woher und Wohin des Lebens, nach Tod und dem Leben danach oder nach konkreten christlichen Traditionen an sie herantreten, wird sie sich damit explizit auseinander setzen.

Aus religionspädagogischer Sicht ist die Ausklammerung der religiösen Dimension im „Bild vom Kind" und in der selbstvergewissernden Auseinandersetzung der Kindergartenpädagogin zu kritisieren. Gleichzeitig bietet aber das neue Bildungskonzept in seiner Offenheit für das Prozesshafte und seiner empathischen Haltung den Kindern gegenüber allen Pädagoginnen und Pädagogen die Chance, religiös-philosophische Fragen der Kinder dann aufzugreifen, wenn sie gestellt werden, und auch fantasievoll-neue, alltagsnahe Wege religionspädagogischen Handelns zu beschreiten. Dem Abenteuer der Gott-Suche mit Kindern mitten im Kindergartenalltag stehen jedenfalls mit dem neuen Bildungskonzept Türen offen.

Wie schön, dass du geboren bist

Geburtstage feiern – das ist für kleine und große Kinder (und auch für Erwachsene) ein wichtiges Ereignis. Geburtstagsfeste sind Lichtpunkte in unserem Leben. Im Kreise unserer Familien, Freunde und Bekannten erinnern wir uns gerne an unsere bisherige Lebensgeschichte, halten inne, nehmen Glückwünsche und Geschenke entgegen und schöpfen Mut und Energie für die Zukunft.

Während früher im katholischen Bereich die Namenstage am jeweilgen Gedenktag des Heiligen gefeiert wurden, begehen evangelische Christen den Geburtstag als persönlichen Festtag. Heute hat sich die Geburtstagsfeier weitgehend durchgesetzt, der Namenstag spielt kaum mehr eine Rolle.

Einen Kindergarten ohne Geburtstagsfeiern gibt es nicht. Für die Kinder ist das Geburtstagsfest im Kindergarten eines der großen Erlebnisse, das tiefe Spuren hinterlässt. An diesem Tag steht dieses Kind im Mittelpunkt der Kindergruppe. Es erlebt, dass es einen Platz in der Gruppe hat. Es gewinnt Zutrauen zu sich selbst und wird in seinem Ich-Bewusstsein gestärkt. In der Hervorhebung seines Namens und seiner Fähigkeiten spürt das Kind etwas von seiner Einmaligkeit und Individualität. Daher kommt der Geburtstagsfeier eine sehr hohe Bedeutung in der Persönlichkeitsentwicklung zu.

Religionspädagogischer Hintergrund

Religiöse Dimension

Gleichgültig, ob religiös oder nicht, wird von den Eltern die Bedeutung der Geburtstagsfeier im Kindergarten sehr positiv gesehen. Nur die Zeugen Jehovas lehnen für ihre Kinder eine solche Feier ab. Sie begründen dies mit dem Hinweis auf die Bibel, in der nach ihrer Meinung nur Heiden den Geburtstag feierten. Sie verweisen auch auf frühchristliche Kirchenlehrer, die aufgrund ihrer Leibfeindlichkeit die Geburt und die entsprechende Geburtstagsfeier negierten.

Für den religiösen Menschen verbindet sich mit dem Geburtstag der Gedanke, dass ihm sein Leben geschenkt wurde und er sich daher nicht sich selber verdankt. Im Zurückerinnern an seine Geburt und an seine Eltern erneuert er gleichsam jene Lebenskraft, die ihm damals geschenkt wurde.

Für das Kindergartenkind steht die Gegenwart im Vordergrund. In der Wertschätzung durch die Kindergartenpädagogin und in der freundlichen Annahme und Anteilnahme der anderen Kinder erfährt es konkret Vertrauen und Bestätigung seiner Persönlichkeit. In manchen Liedern spiegelt sich dieser Grundgedanke wider: „Wie schön, dass du geboren bist, wir hätten dich sonst sehr vermisst ..." Das Kind erlebt: Mein Leben ist ein Geschenk; viele Menschen unterstützen und begleiten mich bei meiner Entwicklung.

Christliche Dimension

Die Christen der Frühzeit haben sich schwer getan, Geburtstagsfeiern in ihre Religion zu übernehmen. Zunächst spielte allein der „Geburtstag für den Himmel" (Sterbetag des Heiligen) eine Rolle. Daraus entstanden die Heiligenfeste und die Namenstagsfeier am Gedenktag des Namenspatrons.

Mit dem Namen verbindet sich der theologische Gedanke, dass Gott uns beim Namen ruft, dass wir unvergesslich in seine Hand geschrieben sind. Wir sind nicht anonyme Wesen, sondern Menschen mit unserer je eigenen Lebensgeschichte, die Gott in ihrer Einmaligkeit annimmt, als seine Kinder liebt. Gott liebt uns ohne Wenn und Aber. Sein Ja zu uns nimmt er niemals zurück, auch ist seine Liebe nicht abhängig von bestimmten Leistungen unsererseits. Das Bilderbuch „Der liebe Gott wohnt bei uns im Apfelbaum" (Brigitte Hübner, Betz Verlag) greift dieses Thema auf.

Die Geburtstagsfeier, die in der Praxis auch bei den katholischen Christen üblich geworden ist, kann den Gedanken vom Leben als Geschenk Gottes, das mich dankbar werden lässt, weiterführen. In der Taufe wird das Kind symbolisch von Gott, seinem Schöpfer, angenommen und in die Gemeinschaft der Christen aufgenommen.

Die religionspädagogische Praxis im Kindergarten kann beide Linien zusammenführen: Wir freuen uns über das Geburtstagskind, das wir gerne in unserer Mitte feiern, und wir rufen das Festtagskind bei seinem Namen, der seine Individualität, seine Persönlichkeit mit ganz bestimmten Eigenschaften verdichtet. Mit dem Namen wird dem Kind auch ein Vorbild, ein heiliger Mensch – der Namenspatron – auf seinen Lebensweg mitgegeben.

Das Bilderbuch „Emma Pippifilippi", das von einer Möwe erzählt, die den üblichen Möwennamen Emma nicht annehmen will, hinaus in die Welt fliegt und hier ihre Einzigartigkeit erlebt, bringt dies sehr klar zum Ausdruck.

Wenn es den Kindern aufgrund ihrer kirchlichen Praxis im Elternhaus möglich ist, können Fotos von der Taufe oder die Mitnahme und das Herzeigen einer Taufkerze den christlichen Hintergrund vertiefen. Eine Besonderheit könnte auch der Besuch der Kirche und der Taufkapelle sein, wenn das Geburtstagskind dort getauft wurde.

Eine Kindersegnung, wie sie in vielen Kindergärten gefeiert wird, kann den Gedanken aufgreifen, dass Gott uns gern hat. Segnen heißt Lebenskraft geben, beschützen, mit ihm sein. Wenn dem Kind die Hand aufgelegt wird, zärtlich über seinen Kopf gestrichen und das mit den Worten verbunden wird, dass Gott es beschützen möge, wird sinngemäß, symbolisch dem Kind Lebenskraft geschenkt.

Bildungssituation: Geburtstag feiern in der Gruppe

Der folgende Bericht einer Geburtstagsfeier stammt aus einem zweigruppigen kirchlichen Kindergarten, der sich in einer ländlichen Gegend befindet. Tradition und Volksgut haben dort einen hohen Stellenwert und finden sich auch in der dörflichen Feierkultur wieder. Der Kindergarten ist eingeladen, Feste sowohl mit der Gemeinde als auch mit der Pfarre mitzugestalten.

Seit einigen Jahren ist es dem Kindergartenteam ein Anliegen, das pädagogische Konzept der Einrichtung zu ändern und reformpädagogische Ansätze in die tägliche Arbeit einfließen zu lassen. Der pädagogische Schwerpunkt lautet „Miteinander, nicht nebeneinander" und wird schrittweise in Richtung „offener Kindergarten" umgesetzt.

Die Geburtstagsfeier hat in diesem Kindergarten eine ganz spezielle Feierform und einen gleichen Ablauf. Jedes Jahr wird die Geburtstagsfeier jedoch etwas anders gestaltet. Manche Feierelemente werden weggelassen, andere kommen dazu.

Die Geburtstagsvorbereitungen beginnen bereits zwei Tage vor der eigentlichen Feier. Das Geburtstagshaus (aus Tonpapier) stellt ein wichtiges Element unserer Feier dar. Zum Fertiggestalten nimmt es das Geburtstagskind einige Tage vor der Feier mit nach Hause. Es können Fotos in die Fenster geklebt werden (z.B. das war ich als Baby, das bin ich heute, das ist meine Familie) und die Eltern füllen gemeinsam mit dem Kind einen Steckbrief aus (Fragen, die Auskunft über das Kind geben, z.B. Lieblingsessen, Lieblingsspiel, besondere Freunde). Am Vortag wird zusätzlich ein Plakatständer mit Foto, Namen und Alter des Kindes im Eingangsbereich aufgestellt.

Beim Eintreffen im Kindergarten wird dem Geburtstagskind die Geburtstagskrone aufgesetzt. Anschließend wählt das Geburtstagskind fünf Kinder („Geburtstagshelfer") aus und sie bereiten gemeinsam die Feier vor (Sesselkreis stellen, Geburtstagstisch decken ...).

Die Feier beginnen wir mit unserem Geburtstagslied „Was ist das für ein Tag" (Rolf Krenzer). Anschließend stellt uns das Geburtstagskind das fertig gestaltete Geburtstagshaus vor und ich lese den Kindern den „Steckbrief" vor (wahlweise gestalte ich das als Ratespiel).

Jedes Kind gratuliert dem Geburtstagskind und in Verbindung mit einem guten Wunsch erhält es eine Perle, die es auf einer Schnur zu einem Armband auffädelt. Die vorgebrachten Wünsche schreibe ich auf ein Billett. Dann beten wir gemeinsam für das Geburtstagskind. Nun erhält es sein Geschenk sowie das Armband und das Billett. Wir singen abschließend das Lied „Happy birthday" (aus aktuellem Anlass in diesem Jahr in verschiedenen Sprachen). Die gemeinsame Geburtstagsjause rundet die Feier ab. Danach wird das Geburtstagskind mit unserem Geburtstagstaxi (einem geschmückten Leiterwagen) in den Bewegungsraum gefahren, wo sich das Kind verschiedene Spiele wünschen kann. Das Geburtstagskind hat die Möglichkeit den weiteren Tagesablauf aktiv mitzugestalten und Wünsche zu äußern (z.B. eine Geschichte hören, im Garten spielen).

Es ist mir ein Anliegen, jedes einzelne Geburtstagskind an diesem besonderen Tag im Kindergarten hochleben zu lassen und seine Einmaligkeit und Einzigartigkeit zu betonen.

Folgende Kompetenzen werden gefördert

Selbstkompetenz:

Das Selbstbewusstsein und die Identität werden gestärkt.
Das Kind fühlt sich angenommen und geachtet.
Es erfährt sich von Gott abhängig und dankt für sein Leben.
Das Geburtstagskind lernt seine Wünsche auszudrücken.
Es überlegt und plant seine Geburtstagsfeier aktiv mit.
Es erlebt sich an diesem Tag als hervorgehoben, geschätzt und lernt damit umzugehen.

Sozialkompetenz:

Das Gemeinschaftsbewusstsein der Kinder wird vertieft.
Das Geburtstagskind erfährt die Wertschätzung der Gruppe und fühlt sich geborgen.
Die Kinder helfen zusammen, um dem Geburtstagskind eine Freude zu bereiten.
Gemeinsame Rituale werden gepflegt.
Die Kinder überlegen, was dem Geburtstagskind gut tut, und lernen sich in ein anderes Kind einzufühlen.
Die Kinder drücken ihre Freude über das Geburtstagskind aus.

Sachkompetenz:

Die Kinder gestalten ein Geburtstagsgeschenk und richten den Raum für die Feier her.
Lieder für das Geburtstagskind werden eingelernt.
Der Ablauf eines Festes wird selbstständig gestaltet.
Die Kinder lernen etwas in Bezug auf die Taufe in der Kirche kennen.

Eltern- und Öffentlichkeitsarbeit

Mit den Eltern können Vorlieben, Wünsche des Kindes abgesprochen werden. Sie werden über den Feierablauf informiert und können ihren Möglichkeiten entsprechend mit eingebunden werden. Die Anschlagtafel/Elterninformation weisen auf das nächste Geburtstagskind hin. Die Geburtstagsfeier im Kindergarten soll sich von der Geburtstagsparty zu Hause abheben, im Vordergrund steht im Kindergarten der gemeinschaftliche Charakter.

Anregungen und Ideen für die Praxis

- Das Geburtstagskind trägt tagsüber Hut, Kapperl, Abzeichen, Medaille ...
- Das Geburtstagskind wird im geschmückten Leiterwagerl durch den Kindergarten gezogen.
- Kinder ziehen das Geburtstagskind mit einem „Geburtstagsteppich".
- Wunschblumen: Das Geburtstagskind erhält drei leere Papierblumen, jede Blume steht für einen Wunsch an diesem Tag (Spiel, Lied, Geschichte ...).
- Die Blüten mit dem darauf geschriebenem Wunsch werden ins Gebetbuch eingeklebt.

- Geburtstagswünsche für das Geburtstagskind: Geburtstagsstein (besonderer Stein) oder Schwimmkerze wandert im Kreis von einer Hand zur andern. Dabei formulieren die Kinder nicht nur materielle Wünsche, sondern z.B.:
  ... Ich wünsche dir, dass du gesund bleibst.
  ... Ich wünsche dir, dass dich Gott beschützt.
  ...Ich wünsche dir, dass es dir gut geht.
- Das Kind wählt für die Feier verschiedene Lieder und Tänze aus, die gemeinsam gesungen und getanzt werden.
- Gemeinsames Gebet für das Geburtstagskind.
- Gemeinsame Überlegungen anstellen, was das Geburtstagskind besonders gut kann bzw. sehr gerne macht.
- Steckbrief erzählen: „Als ich noch ein Baby war" – „Das bin ich heute"; Babyfotos betrachten.
- Geburtstagshelfer bestimmen: Diese dürfen den Raum verdunkeln, für die Jause decken ...
- Besonderes Geschirr für die Feier verwenden.
- Jahresuhr betrachten: Ein Kartonkreis wird je nach Alter in vier, fünf oder sechs Sektoren geteilt, mit einem Pfeil versehen und zu Hause vom Geburtstagskind mit den Eltern gestaltet, z.B. Bild (frühere Geburtstagsfeier, Feste, Ausflüge, schöne Begebenheiten, Urlaubserinnerungen, Fasching) – zeichnen, kleben, gestalten, Fotos ...
- Spielwunsch im Turnsaal.
- Das Geburtstagskind sucht sich ein Thema aus, z.B. im Turnsaal eine „Party" veranstalten. Die Kindergartenpädagogin stellt Materialien wie Stoffe, Schnüre ... zur Verfügung.
- Das Geburtstagskind plant selber seine Feier.

Fragen zur Reflexion

- Inwieweit kam die Individualität des Geburtstagskindes in der Feier zum Ausdruck?
- Habe ich mich mit der Individualität, der Einzigartigkeit des Geburtstagskindes auseinander gesetzt? Inwiefern habe ich auf den Wunsch des Geburtstagskindes Rücksicht genommen, z.B. bei jüngeren Kindern, die nicht im Mittelpunkt stehen wollen? Bin ich bereit den Ablauf zu ändern?
- Haben alle Kinder mitgefeiert?
- Waren alle Kinder am Fest aktiv beteiligt?
- Hat das Geburtstagskind ein anderes Kind ausgeschlossen? Warum?
- War der Ablauf des Festes den Kindern angemessen?
- Haben die Kinder das Geburtstagsfest als lustig und fröhlich empfunden?
- Hat das Fest zur Stärkung des Gruppenbewusstseins beigetragen?

Selbstreflexion

- Worüber haben Sie sich bei der letzten Geburtstagsfeier besonders gefreut?
- Inwiefern spielt Ihre Religiosität beim Geburtstag eine Rolle?
- Welche Zeichen, Symbole Ihres Geburtstages haben Sie sich für längere Zeit aufgehoben?

Teamarbeit

Die Mitarbeiterinnen der Gruppe werden von der Kindergartenpädagogin zu Beginn des Kindergartenjahres über den geplanten Ablauf der Feier informiert und aufgefordert ihre Ideen einzubringen. Aufgaben werden abgesprochen und es erfolgt eine regelmäßige Reflexion.

Transaktionale Prozesse

Objektivieren:	Die Kinder lernen verschiedene Geburtstagsrituale kennen.
Subjektivieren:	Die individuellen Wünsche des Geburtstagskindes werden eingebracht.
Aneignen:	Die Vorbereitungen des Geburtstagsfestes werden gemeinsam durchgeführt: Tische decken ...
Vergegenständlichen:	Manche Geschenke werden von den Kindern persönlich für das jeweilige Geburtstagskind angefertigt.

Zum Weiterlesen
Maria Blazejovsky: Emma Pippifilippi, Verlag Jungbrunnen, Wien 1997
Dee Davis/Hilde Hayduck-Huth: Heute bin ich glücklich, Verlag St. Gabriel, Mödling – Wien 1990
Regine Schindler: Steffis Bruder wird getauft, Verlag Kaufmann, Lahr 1980
Max Velthuijs: Eine Geburtstagstagstorte für den kleinen Bären, NordSüd Verlag, Gossau 1996
Susanne Stöcklin-Meier: Geburtstag hab ich heute, Orell Füssli Verlag, Zürich 1984

Exkurs: **Feste feiern**

*Ein Leben ohne Feste
ist wie ein langer Weg ohne Einkehr.
(Demokrit)*

Das Wort „Fest" kommt aus dem Lateinischen (festum) und bezeichnet den Tag der Arbeitspause. Das Wort „Feier" bedeutete ursprünglich Feier der heiligen Tage (feriae – da haben auch die Ferien ihre sprachliche Wurzel). Bei einem Fest freuen sich die Menschen am Leben, zumindest aber an einem gelungenen Teilbereich. Feiern vollzieht sich immer in Gemeinschaft und zeigt sich im gemeinsamen Singen, Tanzen, Spielen ... und Essen. Von Friedrich Schiller stammt der Ausspruch: „Der Mensch ist da ganz Mensch, wo er feiert und spielt."

Ein Fest ist etwas Außergewöhnliches, das den Rahmen des Alltags sprengt. Die Zeit bleibt stehen, es ist ein Anhalten, ein Innenleben, ein Vor- und Zurückschauen und auch die Erfahrung, dass das Leben mehr als Hektik, Routine und Notwendigkeit ist.

Zusammenfassend könnte man ein Fest so definieren: Es ist das Genießen eines Tages und es geschieht in der Gegenwart. Es hat aber auch mit Vergangenheit, mit der Erinnerung und der Zukunft zu tun.

Ein Blick in die Vergangenheit zeigt uns, dass die Griechen und Römer für ein geglücktes menschliches Leben nicht in erster Linie die Arbeit als maßgeblich angesehen haben, sondern die Muße. Sie meinten damit aber nicht die Untätigkeit, sondern höchste Aktivität, d.h. Zustimmung zum Leben im Ganzen, Annahme der unvollkommenen Realität dieser Welt und das Einverständnis mit den Grundbedingungen des menschlichen Lebens. Das Fest war daher jahrhundertelang eine willkommene Unterbrechung des Alltags – des Werktages.

Die Erwartung des Festes war etwas ganz Besonderes und die Eindrücke des Festes konnten lange im Alltag nachklingen. Gefeiert wurden das Neujahr, Familienfeste oder nach bestimmten abgeschlossenen Arbeiten, z.B. der Ernte. Feste bestimmten den wechselnden Rhythmus, betonen aber ebenso den Wechsel der Jahreszeiten.

Feste heute

Feste werden heute vor allem den Bereichen Freizeit und Religion zugeordnet. Als wichtigster Bereich des menschlichen Lebens gilt aber die Berufs- und Arbeitswelt.

Die Wirtschaft wird als Grundlage der Politik, der Kultur, des privaten und kollektiven Glücks gesehen, schreibt der Pastoraltheologe Wilhelm Zauner.

Die Zeit ist vor allem als Arbeitszeit von Bedeutung und Freizeit ist arbeitsfreie Zeit. Sie entlässt den Menschen in den privaten Bereich, dem heute auch die Religion zugeordnet ist.

Feste können nur in der arbeitsfreien Zeit gefeiert werden und erhalten also Nachrang gegenüber dem, was in der Arbeitszeit geschieht. Damit ist die ursprüngliche Ordnung verlassen, wie sie in der Bibel zum Ausdruck kommt. Dort steht am Anfang der Segen, die Freude und das Fest.

Die Bedeutung von Festen und Feiern

Die Psychologie definiert das Fest so: „Über alle Sinne einen Anlass erleben." Die Bedeutung liegt daher auf dem Sinn-Erleben. Es geht also nicht um Unterhaltung, Gebet, Gesang, gutes Essen, sondern all das dient dem Sinnerlebnis.

Die Definition spricht vom Erleben, weil das Feiern sich z.B. nicht im Nachdenken über den Sinn eines Festtages erschöpfen, sondern alle Fähigkeiten des Menschen ansprechen soll: sein Denken, Fühlen und sein Wollen.

Fest und Feier haben unterschiedliche Bedeutungen: Das Fest ist gekennzeichnet durch weltliche Freude. Es ist unterhaltsam, eher locker im Aufbau, z.B. ein Sommerfest, Faschingsfest.

Die Feier hingegen verlangt mehr eine nach innen gerichtete Teilnahme, auch Dankeshaltung, Ruhe und Besinnlichkeit. Diese Unterscheidung wird jedoch in der Praxis nicht immer getroffen, sondern meist sind beide Formen vereint, z.B. Weihnachten, Hochzeit.

Das Feiern von Festen ist von Kultur nicht zu trennen. Bernhard Morgenstern sagt: „Kultur beginnt dort, wo der feiernde Mensch neben dem Anlass zum Fest Formen findet, die das Fest zum Besonderen werden lassen."

Kultur entsteht in den kleinen Verrichtungen des Alltags, wenn z.B. ein schön gedeckter Tisch bereitet wird. Innere Kultur zeigt sich in den Kleinigkeiten, im Umgang mit Menschen und Dingen. Bei der Gestaltung und beim gesamten Festablauf ist sowohl in urtümlichen Kulturen als auch in sogenannten Hochkulturen ein zweifacher Aspekt zu beobachten:

Ein auf Transzendenz bezogener, zu Einkehr und Reflexion bewegender Aspekt mit programmiertem Ritual (Feier), der wenig Raum für spontane Einfälle lässt, weil er an Brauchtum und bestimmte religiöse Vorstellungen geknüpft ist. Und/Oder ein auf die Umwelt bezogener, nach außen gewandter Aspekt, der die persönliche und die Gruppenidentität bestätigt, die Zustimmung der Feiernden zu ihrem In-der-Welt-Sein ausdrückt und der Spontaneität viele Möglichkeiten lässt.

Horst Schiffler hat die Unterschiede definiert und stellt folgende Aspekte
der Feier des Festes gegenüber:

Fest	Feier
engere Beziehung zum Spiel	durchformter, zeremonieller; eher rituellem Verhalten zuzuordnen
auch ohne äußeren Anlass, Ausdruck von Lebensfreude	meist historische oder biografische Anlässe
größere Offenheit, Möglichkeit zur Distanz	sozial geschlossener, verbindend
kein vorausberechenbares Soziogramm	stark festgelegte soziale Strukturen
unberechenbarer Erfolg	wenn gut geplant, nicht leicht störbar
Festfreude nicht machbar	Stimmung kann leicht „programmiert" werden
der umfassendere, vielschichtigere Begriff, kann feierliche Momente in sich haben	

Psychologen und Theologen unterscheiden auch hinsichtlich der Wirkung von Fest und Feier auf den Menschen, sind sich aber der fließenden Übergänge bewusst:

Fest	**Feier**
hilft dem Menschen, seine Wahrnehmung nach außen zu steigern (Sensibilisierung nach außen)	hilft dem Menschen, seine Wahrnehmung nach innen zu steigern (Sensibilisierung nach innen)
hat eher weltlichen Charakter	hat eher transzendent-kontemplativen Charakter

Bedeutung der Feste für den Kindergarten

Das Feiern von Festen gehört im Kindergarten zur bewährten Tradition. Feste sind Höhepunkte im Jahreskreislauf, die auf ein gemeinschaftsförderndes Denken und Handeln ausgerichtet sind. Im Kindergarten ist dabei wesentlich, dass Feste sinnvoll in die gesamte Arbeit einbezogen werden und nicht losgelöst vom pädagogischen Konzept stehen.

Gemeinsam mit der Kindergartenpädagogin sind die Kinder die Gestalter eines Festes. Für das aktive Mitfeiern ist es von großer Bedeutung, dass die Kinder in die Vorbereitungen mit einbezogen sind und genügend Freiraum für die Umsetzung eigener Ideen und Vorstellungen bekommen. Außerdem sollte genügend Zeit für den Aus- und Nachklang eines Festes eingeräumt werden, was Nachhaltigkeit ermöglicht.

Eine weitere Aufgabe des Kindergartens bei der Gestaltung von Festen liegt auch darin, Eltern kultivierte und kindgerechte Ausdrucksformen des Feierns aufzuzeigen. Für die Gestaltung und Planung ist aber auch zu berücksichtigen, dass sich durch die Feiertradition des Kindergartens Feste für Kinder verdoppeln (z.B. Weihnachten, Geburtstag). So sollte Weihnachten nicht schon im Kindergarten gefeiert werden, sondern der Familienfeier vorbehalten sein.

Reflexionsfragen für eine Fest- und Feierkultur in der Einrichtung:

Wie gehen wir im Team an die Festgestaltung heran?
Wie ist sie in die Konzeption der Einrichtung integriert?
War es Thema in der Teambesprechung?
Wie beziehen wir Eltern in die Festgestaltung ein?
Wie gehen wir mit unterschiedlichen kulturellen, religiösen Einstellungen um?
Berücksichtigen wir die Feiertraditionen anderer?
Wo gibt es Verbindendes und Gemeinsames?
Wie können wir Feste angesichts trennender Festinhalte gestalten?
Steht der Vorbereitungsaufwand in einem angemessenen Rahmen?

Zum Weiterlesen
Horst Schiffler: Feste feiern in der Schule, Verlag Herder, Freiburg 1980
Unsere Kinder 5/1983
Hans Gerhard Behringer: Die Heilkraft der Feste, Kösel-Verlag, München 2004

Du hast uns deine Welt geschenkt – Erntedank

In der bäuerlich geprägten und von der Natur und ihren Gaben abhängigen Gesellschaft war der Erntedank eine Selbstverständlichkeit. Der Wechsel von Saat und Ernte wurde intensiv wahrgenommen und eine gute Ernte sicherte für viele Menschen das Überleben. Heute ist durch Globalisierung und Ökologisierung eine starke Veränderung eingetreten. Auf der einen Seite können Früchte aus der ganzen Welt gekauft werden, auf der anderen Seite gibt es Lebensmittelskandale, die verantwortliches ökologisches Handeln erfordern und so genannte biologische Lebensmittel teilweise zu Luxusgütern machen. Dem Konsumenten wird dadurch die Natur und die bäuerliche Welt wieder bewusster. Dazu kommen noch die vielen Hungerkatastrophen in der so genannten Dritten Welt, die den Wohlstand in Europa noch deutlicher hervortreten lassen. Das „Teilen" des Wohlstandes rückt in den Vordergrund.

Insgesamt gesehen hat aber das Erntedankfest stark an Bedeutung verloren. Die Gründe liegen in der Technisierung, in der Verstädterung, im Großhandel, in den durch Medien vermittelten Erfahrungen und im Rückzug der Religiosität ins Private. Das institutionelle Christentum verliert an Bedeutung und damit auch die religiösen Erntedankfeiern in der Öffentlichkeit.

Manche Kindheitserinnerung verknüpft sich mit den Erntedankfesten im Herbst: festlich geschmückte Erntekronen, Erntewagen, Früchte der jeweiligen Gegend. Mit allen Sinnen konnten Kinder den Dank an den Schöpfer für seine Gaben mitfeiern.

In fast allen Kindergärten spielt die Freude über die Ernte im Herbst eine große Rolle. In den Städten gehen Kindergartengruppen auf Märkte, auf dem Land nehmen Kinder die Früchte aus ihrem eigenen Garten mit. Wenn Kinder im Frühjahr im Kindergarten Gemüse angebaut haben und nun im Herbst ernten können, ist die Freude sehr groß. Das Staunen über das Wachsen und Gedeihen, über die geernteten Gaben der Natur und die ganz konkreten Sinneseindrücke – wie die Erde aufzugraben, Erdklumpen zu fühlen, mit Wasser zu begießen, Knollen zu betasten … – sind äußerst wichtige Erfahrungen besonders für die Stadtkinder. Erlebbar wird auch, dass Wachsen und Gedeihen vom Wetter abhängig sind, das sich nicht beeinflussen lässt. Nur so können verantwortliches Handeln und Dankbarkeit entstehen und wachsen. Dazu kommt noch der Faktor Zeit: sich Zeit nehmen zum Beobachten, zum Gießen, zum Reifwerden, zum Riechen, Schmecken, Betasten, zum genussvollen Essen und Trinken.

Religionspädagogischer Hintergrund

Religiöse Dimension

Ein Erntedankfest ist in allen Religionen zu finden. Für den Menschen, der sich vom Naturablauf abhängig weiß, ist der Abschluss der Ernte Anlass zu Dank und Feier. Zudem versteht sich der religiöse Mensch als Teil der Schöpfung und dankt dem Schöpfer, dass er von Teilen der Schöpfung ernährt und erhalten wird.

Der Erntedank kann auch Anlass sein, gemeinsam mit Kindern anderer Religionen zu feiern. Daneben ist der Erntedank ein vergleichsweise einfaches Fest, da sozusagen „weltliche" und „religiöse" Symbole ganz nahe beieinander liegen. Komplizierte theologische Inhalte müssen nicht erklärt werden. Gott als Schöpfer, der hinter der Natur steht, ist für Kinder verständlich und auch in den Gebeten der wichtigste Adressat. Der „Macher" Gott darf aber bei den neugierigen Fragen der Kinder nicht als kurzfristige Antwort dienen. Sachliche Erklärungen zu Naturereignissen dürfen nicht durch religiöse Kurzschlüsse ersetzt werden. Gott hat uns diese Welt geschenkt, damit wir verantwortlich mit ihr umgehen, sie erforschen und allen Menschen, Tieren, Pflanzen ein achtsames Miteinander-Leben ermöglichen. In diesem unserem Tun wirkt Gott weiter durch uns.

In meditativen Naturerfahrungen, die möglichst konkret und sinnlich erfolgen sollen, können die Kinder die Vielfalt und Schönheit der Schöpfung erspüren, den Rhythmus der Natur, und ihre Vorgänge genau beobachten. In diesem Erleben erfahren sie sich in Einheit mit der Natur, als „Teil der Erde", wie es in der berühmten Rede des indianischen Häuptlings Seattle heißt. Aus solchem intensiven Erleben heraus erwächst Achtsamkeit und Verantwortung gegenüber der Schöpfung. Die Verbundenheit mit der Natur lehrt aber zudem die Grenzen und Gefahren erkennen, die sehr wohl auch gegeben sind. Die Andersartigkeit der Tiere und Pflanzen wird wahrgenommen. Naturkatastrophen werden aufgegriffen und die Verantwortung und Solidarität mit betroffenen Menschen besprochen. Die Kinder sind oft sehr sensibel, sie fangen häufig Gespräche der Erwachsenen – auch im Fernsehen – über Bedrohungen durch die Natur auf. Wir sollten positive Ansätze aufzeigen, kreativ und kraftvoll dagegen anzukämpfen.

Christliche Dimension

Seit dem 3. Jh. ist ein Erntedankfest in der katholischen Kirche belegt. Die Erntedankfeste sind regional unterschiedlich festgelegt, in deutschsprachigen Gebieten sind sie Ende September/Anfang Oktober üblich. Die Erntedankfeier ist in den Gottesdienst integriert, in dem bei jeder Eucharistiefeier für die „Frucht der Erde und der menschlichen Arbeit" gedankt wird. Heute wird in vielen Gemeinden die Danksagung mit der Solidarität mit allen Menschen auf der Welt verbunden und es werden entsprechende Aktionen gesetzt.

Im Rückblick hat leider die einseitige Auslegung der ersten Schöpfungserzählung über das „Herrschen" des Menschen zur Ausbeutung der Schöpfung gedient. Der Auftrag der zweiten Erzählung, den „Garten zu bebauen und zu hüten", also achtsam und verantwortlich mit der Schöpfung umzugehen, geriet oft in den Hintergrund. Der hl. Franziskus hat den Gedanken der Einbettung des Menschen in die gesamte Natur, die er als seine Schwester sieht, in seinem berühmten Sonnengesang hervorgehoben. Ebenso drückt der Psalm 104 die Größe Gottes und die Freude des Menschen über die Schöpfung aus. Beide Gebete können mit einzelnen Versen im Kindergarten als Dank an Gott verwendet werden (siehe Literatur).

Für Kinder ist es selbstverständlich, dass Gott die Welt geschaffen hat. Wichtig erscheint daher auch der Blick in die Zukunft mit dem theologischen Grundgedanken: Gott will für die Menschen eine gute neue Welt, wie wir im Vaterunser beten. Gott will, dass es uns allen auf dieser Welt mit den vielen Gaben gut geht. Wir wollen daran mitwirken. Daher wollen wir ein Fest des Lebens feiern, Gott loben und uns freuen. Denn Gott ist ein Liebhaber des Lebens.

Bildungssituation

Der folgende Bericht wurde uns aus einem fünfgruppigen Kindergarten, der auch eine Kinderkrippe führt, zur Verfügung gestellt. Der Pfarrkindergarten befindet sich im Salzkammergut und ist in den Jahresfestkreis der Pfarrgemeinde eingebunden. Zu besonderen Anlässen gestalten die Kinder den Gottesdienst aktiv mit. Dieses Bildungsgeschehen schildert einen längeren Zeitraum.

Heuer wuchsen in meinem Garten besonders viele und schöne Sonnenblumen. Um unseren Gruppenraum hübsch und heimelig zu gestalten, nahm ich einige Blumen mit in den Kindergarten. Als die Kinder am Morgen kamen, fielen ihnen die Sonnenblumen sofort auf. Pascal setzte sich zum Zeichentisch und fing an, gelbe Blumen zu zeichnen. Theresa brachte am nächsten Tag ebenfalls Sonnenblumen mit und einige andere Kinder erzählten, dass in ihrem Garten auch Sonnenblumen wachsen.

In gemeinsamen Gesprächen entwickelten die Kinder verschiedene Ideen und Aktivitäten, wie z.B. eine Stilleübung mit Sonnenblumenkernen oder im kreativen Bereich die unterschiedliche Gestaltung von Sonnenblumen.

Ich stellte Bilderbücher zur Verfügung, erzählte Geschichten, wir lernten einen Sonnenblumentanz, für den die Kinder einen Kopfschmuck anfertigten, und organisierten einen Ausflug zu einem nahe gelegenen Sonnenblumenfeld.

Es beeindruckte die Kinder, als wir eine verwelkte Sonnenblume zerlegten und die Samen zum Anpflanzen im Frühling aufbewahrten. Aufbauend darauf bereiteten wir das Erntedankfest in der Gruppe vor.

Reflexion:

Bei unserem thematischen Schwerpunkt konnten die Kinder sehr viele Erfahrungen sammeln. Das aufregendste Erlebnis war der Ausflug ins Sonnenblumenfeld. Schon die Fahrt mit dem großen Bus war ein Erlebnis. Das Betrachten der vielen Blumen und ihrer Besucher (Bienen, Vögel, Käfer) war sehr spannend. Voller Freude waren wir, als noch jedes Kind eine Sonnenblume mit nach Hause nehmen durfte.

Der Abschluss und Höhepunkt war das Feiern des Erntedankfestes im Kindergarten mit einer gemeinsamen Jause, bei der wir unser selbst gebackenes Sonnenblumenweckerl verkosteten. Wir feierten auch beim pfarrlichen Erntedankfest den Familiengottesdienst mit. Die Kinder sangen das Lied „Blume, du bist schön" (Melodie „Apfel, du bist schön" von Sepp Faist, RPI Graz) und zur Gabenbereitung brachte jedes Kind eine selbst gestaltete Sonnenblume zum Altar.

In unserer Chronik haben wir den Schwerpunkt mit Fotos und Berichten dokumentiert. Die Eltern wurden durch einen Brief informiert, der durch die Sammelmappe ergänzt wurde.

Im Frühling wollen wir unsere Aktivitäten rund um die Sonnenblume fortsetzen, indem wir Sonnenblumen ansetzen und zum Muttertag herschenken. Auch unser Garten soll dann durch selbst gezogene Sonnenblumen verschönert werden.

Folgende Kompetenzen werden gefördert

Selbstkompetenz:

Die Kinder fühlen sich mit der Natur verbunden und gehen achtsam mit ihr um.
Die Kinder staunen über das Wachsen und Gedeihen in der Natur.
Die Kinder freuen sich über die Schönheit der Natur und drücken dies in Gebeten und Liedern aus.
Die Kinder fragen nach Gesetzmäßigkeiten der Natur.
Die Kinder lernen mit Naturereignissen umzugehen.

Sozialkompetenz:

Die Kinder fühlen sich mit anderen verantwortlich für das Wachsen und Gedeihen von Pflanzen.
Die Kinder danken und loben gemeinsam Gott für die Gaben.
Die Kinder gestalten gemeinsam eine Erntedankfeier.
Die Kinder entwickeln prosoziales Verhalten.

Sachkompetenz:

Die Kinder nehmen Vorgänge der Natur wahr und lernen genau beobachten.
Die Kinder lernen Tiere und Pflanzen entsprechend behandeln.

Fragen zur Reflexion

- Wie verhalten sich meine Kinder im Garten? Wie gehen sie mit Tieren um?
- Ist das Lieblingstier eines Kindes gestorben? Nach christlichem Verständnis schafft Gott alles neu, die gesamte Schöpfung, auch die Tiere. Daher können Tiere auch im Himmel bei Gott sein.
- Welche Möglichkeiten finden meine Kinder im Kindergarten vor, um mit unterschiedlichen Naturgegebenheiten umzugehen?
- Wie verhalte ich mich selbst gegenüber der Natur? Habe ich besondere Ängste gegenüber bestimmten Tieren? Wie ist mein eigenes Konsumverhalten?

Transaktionale Prozesse

Objektivieren:	Die Kinder lernen Tiere und Pflanzen kennen und achten ihre Eigenart.
Subjektivieren:	Die Kinder erzählen von ihren eigenen Tieren und Erlebnissen in der Natur.
Aneignen:	Die Kinder bringen ihre Ideen zum Erntedankfest ein.

Vergegenständlichen: Die Kinder setzen Sonnenblumenkerne im Garten und sorgen für die Pflanze.

Zum Weiterlesen
Regine Schindler/Arnó: Im Schatten deiner Flügel. Die Psalmen für Kinder. Verlag Patmos, Düsseldorf 2005
Herta Hubauer/Andrea Klingesberger: Der gelbrote Kürbis, Verlag Pattloch, München 2000
Sonja Schneider: Erntedank feiern mit Kindern, SüdWest Verlag, München 1997
Brigitte Wenninger/Anne Möller: Danke gutes Brot, Danke kleiner Apfel, Verlag Neugebauer, Gossau 2001

Überlegungen zu religiösen Feiern aus liturgischer Sicht

Nach einem Referat von Dr. Christoph Freilinger, Assistent an der Kath.-Theologischen Privatuniversität Linz, das er bei einem Fortbildungsseminar am Religionspädagogischen Institut gehalten hat:

Vorbemerkung

- Religiöse Feiern/Gottesdienste sind Feiern des Lebens und des Glaubens, nicht katechetische Unterweisung.
- Sie sind heiliges Spiel. Liturgie ist Vollzug von Ritualen und bedarf bestimmter Handlungen.
- Rituale leben von der Wiederholung; erst durch die Wiederholungen entfalten sie ihre entlastende Kraft: Ich muss mein Verhalten und Tun nicht ständig neu erfinden (z.B. beim Gruß); Wiederholung und Vertrautheit geben Beheimatung und sind Voraussetzung für kreative Freiheit. In Bezug auf liturgische Feiern heißt es diese Erkenntnis ernst zu nehmen: Nicht immer völlig Neues erfinden!
- Symbole und symbolische Handlungen müssen aus sich selber sprechen können – nicht immer alles zerreden und erklären müssen.
- Keine Aufführung mit Publikumsbeteiligung. Konsequenz:
- Nicht: „Für wen" (Zielgruppe) bereiten wir den Gottesdienst vor? Eher: Mit wem feiern wir Gottes Heilszuwendung?

Leibhafter Ausdruck in der Liturgie

Kinder brauchen Bewegung und Ganzheitlichkeit.
Durch das Einbeziehen des Leibes ist eine bessere Identifikation mit den Gestalten des Glaubens möglich.
Das Tun der Kinder ist keine „Vorführung", daher sind folgende Punkte zu beachten:
- Den Kindern soll klar sein, dass sie jetzt zu Gott beten und vor ihm stehen.
- Eine kleine Stille vor und nach dem Beitrag ist hilfreich.

- Kurze Handlungsabläufe (ohne große Vorbereitung auf aufwändige Inszenierung) sind weniger „störanfällig".
- Einüben fördert die Verhaltenssicherheit, aber es geht nicht um eine perfekte Performance (Courage zur Blamage: „Gott liebt uns trotzdem").

Grundfragen bei der Vorbereitung

Welche Inhalte können sichtbar und begreifbar gemacht werden?
Wo kann bei der Erfahrungswelt der Kinder angeknüpft werden?

- Das Spiel ist zu verstehen als Hilfe zum Erschließen des gottesdienstlichen Geschehens, als Hilfe, Gott zu hören und zu spüren und sich vor Gott und den Mensch auszudrücken.
- Möglichkeiten für darstellendes Spiel in der Liturgie:
  Szenen im Rahmen des „Bußaktes", Darstellen einer biblischen Szene (Schriftlesung).
- Das Erarbeiten und Bewusstmachen von alltäglicher Körpersprache kann das Darstellen von Empfindungen fördern (auch ein „Tanz" der Verkündigungsszene ist dann möglich).
- Das Tun der Kinder sollte nicht als „Spiel" angekündigt werden (das weckt falsche Assoziationen). – Treffendere Formulierung: „Kinder bringen zum Ausdruck/stellen dar ..."

„Tanz" und andere Bewegungselemente

Prozessionen

sind ein Urelement des liturgischen Feierns. Möglichkeiten: Einzugsprozession, Prozession mit dem Evangelienbuch, Gabenprozession, Lichtprozessionen.

Gesten und Gebärden

Liturgische Grundhaltungen (Stehen, Sitzen, Knien) können mit den Kindern ausdrücklich gestaltet werden (z.B. im Zusammenhang mit einer Evangelienerzählung).
Gebetsgebärden (Kreuzzeichen, gefaltete Hände, ausgebreitete Arme und offene Hände, vor der Brust gekreuzte Arme, Verneigen, Hände reichen) auch im liturgischen Vollzug verdeutlichen.

Tanz

- Besser als von Tanz spricht man von „Beten mit dem Körper" (das vermeidet Blockaden durch Assoziationen mit dem Begriff Tanz und trifft die Bedeutung dieses Bewegungselements besser). Für Kinder eignen sich besonders Bewegungslieder – ein einfacher Text und eine gute Textsicherheit vermeiden die Überforderung der Kinder.
- Die Gesten lassen sich auch mit den Kindern entwickeln.
- In die Ausdrucksbewegung können Symbole (Licht, Blumen, eucharistische Gaben bei Gabenprozession) einbezogen werden.
- Einfachheit und Sicherheit im Bewegungsablauf verhindern Überforderung, Störung und das Gefühl von zu viel Unruhe und „Action".
- Weiters ist auch noch die Raumsituation (Gefahr bei Stufen) zu beachten. Das Einladen aller Mitfeiernden ist möglich, sollte aber als Angebot und ohne Zwang ausgesprochen werden.

Aufbau von religiösen Feiern mit Kindern

Katholische Jungschar, Kinder- & Familien-Gottesdienst, Dokumentation 2003

Eröffnung: Begrüßung

Zum Beispiel: Ich möchte euch alle herzlich begrüßen. Schön, dass ihr gekommen seid. Wir wollen heute wieder miteinander den Sonntag feiern. Wir können fröhlich sein. Gott ist bei uns und Gott möchte, dass es uns gut geht.

Liturgische Eröffnung

Zum Beispiel: Zu unserer Feier gehört die Kerze. Sie erinnert uns daran, dass Gott immer bei uns ist. (Kerze anzünden.) Gott, du bist mitten unter uns. Wenn wir miteinander feiern, denken wir an Gott, wir erzählen von Gott, wir spüren: Gott ist bei uns. Kreuzzeichenlied: Ich denke an dich, ich erzähle von dir, ich spüre, du bist bei mir (von Sepp Faist).
Der Sonntag ist für uns ein Festtag. Wir feiern heute ein Fest und kommen hier zusammen.

Kurze Hinführung zum Anlass und zur Lesung

Erfahrungen zum Thema erzählen, anknüpfen an den kindlichen Alltag, sinnliche Erfahrungen (hören, blind geführt werden ... – zum Thema passend).
Anschauungsmaterial verwenden.
Gespräche mit den Kindern. Es hat sich bewährt, kein Mikrofon zu verwenden, sondern die Antworten nochmals selber laut zu wiederholen.
Ich spreche so mit einem einzelnen Kind und bin doch mit allen Kindern in Kontakt. Dieses Gespräch soll kein Abfragen des Wissens sein, sondern ein gemeinsames Überlegen zum Thema.

Lied

Lesung: Biblische Erzählung

Erzählen, Mitspielgeschichte, Dias, Overhead, Gesten, Puppen ...

Vertiefung
- Geschichte kurz wiederholen – Gefühle ansprechen.
- Geschichte nachspielen, Standbilder, Gesten, Vertiefen mit Gegenständen, Malen ...
- Gespräche mit den Kindern: von der Geschichte zur Erfahrungsebene der Kinder führen.

Die Vertiefung leitet über in die

Antwort: Dank, Lob, Bitten

Die Kinder und Erwachsenen bilden einen Kreis um eine Mitte (symbolische Gegenstände; Materialien, die in der Feier verwendet wurden; Kerze ...). Die wichtigsten Inhalte der Geschichte aufnehmen und Dank- bzw. Bittverse dazu formulieren. Alle sprechen diese Sätze nach oder antworten mit einem Liedvers. Einfache, ruhige Kreistänze sind ebenso möglich und Ausdruck für Gebet.

Schluss: Gebet

Einleitung: „Wir beten miteinander"; 4–6 Zeilen, vor-/nachsprechen, Anrufung Gottes, Dank, Bitte (Wiederholung vom Thema); Abschluss: „Amen".

Segen

Mit Gesten unterstützt, vor-/nachsprechen, z.B.:

> Gott, segne unsere Erde,
> Gott, segne mich,
> Gott, segne dich,
> Gott, segne alle Menschen.
> Amen.

Lied

Verabschiedung

Zum Abschied kann ein Erinnerungsstück an die Feier mitgegeben werden: Christbaumkerze, Tonpapierfigur aus der Geschichte …

Martin, Elisabeth, Nikolaus und Co.

Sind Heilige noch in? Zwar werden von der katholischen Kirche viele Menschen zu Heiligen erklärt, aber die Namenspatrone werden immer weniger gefeiert; viele Kinder kennen sie gar nicht. Die geschichtliche Distanz, der hohe moralische Anspruch lassen die Heiligen aus dem Leben der Erwachsenen entschwinden. Nur die Wirtschaft bedient sich gerne des „heiligen Restes", wie des heiligen Martin und Nikolaus. Damit werden noch allgemeine Ideen der Nächstenliebe, des Teilens transportiert und von den Menschen unabhängig ihrer jeweiligen Religiosität wahrgenommen. Umfragen zeigen die Bedeutung moderner „Heiligen", wie Mahatma Gandhi, Mutter Teresa, Franz von Assisi, die sich für Menschlichkeit, für Gerechtigkeit und Nächstenliebe eingesetzt haben. Doch diese Vorbilder werden in ihrem Wert für das eigene Leben gering eingeschätzt.

Die heute vergeistigten und teilweise abgehobenen Heiligen waren zu ihrer Zeit unbequeme Mahner. Die prophetische Seite ihres heilenden Wirkens – sich konkret für die Armen ihrer Zeit einzusetzen, gegen Verkrustungen der religiösen und politischen Systeme im Namen Jesu aufzutreten – wird oft übersehen. Ein Martin, der den Militärdienst verweigerte, ein Nikolaus, der die Schiffe des Kaisers entladen ließ, eine Elisabeth, die sich gegen die Standesregeln auf die Stufe der Armen der Gesellschaft begab, sind Beispiele der in ihrer Zeit gegen gesellschaftliche und religiöse Missstände auftretenden Heiligen.

Für Kinder und Jugendliche sind in ihrer Persönlichkeitsentwicklung ganz ohne Zweifel Vorbilder wichtig. Supermänner, Power Ranger, Musikstars, wie sie von den entsprechenden Fernsehsendern propagiert werden, spielen eine große Rolle. Auch Vorbilder aus dem sozialen Nahbereich, wie Eltern, Verwandte und Freunde, sind von großer Bedeutung. Für das Kleinkind ist die Kindergartenpädagogin eine entscheidende Bezugsperson. Aufgrund der Intensität der Beziehung hat die Pädagogin einen großen Einfluss auf das Sozialverhalten des Kindes und kann zu Heiligen, wie Martin, Elisabeth und Nikolaus, als Vorbildern im Gutsein hinführen. Das eigentliche Vorbild ist sie selbst. Die Heiligen sind gleichsam Nebenbilder, die verstärkend wirken. Damit den Kindergartenkindern die Heiligen nicht wie Einzelpersonen ohne religiösen und geschichtlichen Hintergrund vorgestellt werden, soll ein Zusammenhang zu Jesu Wirken z.B. durch die Geschichte vom barmherzigen Samariter hergestellt werden. Wenn gleichzeitig das Brezelteilen – nicht die Geschenke – im Vordergrund steht, wird etwas von der kritischen Haltung der Heiligen indirekt sichtbar. Die Heiligenlegenden, zumeist Geschichten, die ein Vorbild aufzeigen und zur Nachfolge aufrufen, laden die Kinder ebenfalls zu prosozialem Verhalten ein.

Religionspädagogischer Hintergrund

Religiöse Dimension

Vorbilder im Glauben finden sich in allen großen Religionen. Sie stellen konkrete biografische, geschichtliche Akzente einer bestimmten Religiosität dar und sind damit für die Menschen „handfeste" Gestalten des Glaubens. Im Islam, besonders in der islamischen Mystik, werden Propheten und Heilige als Vorbilder verehrt und deren Gräber besucht. Im Hinduismus werden sie Siddha, im Buddhismus Bodhisattva genannt. Nikolaus und Martin werden sowohl im Christentum als auch im Islam verehrt.

Christliche Dimension

Für evangelische Christen ist die Heiligenverehrung in der katholischen Kirche immer noch etwas Unterscheidendes. Heilige als Vermittler und Fürsprecher in den Gebeten zu formulieren lehnen sie als unbiblisch ab. Heilige werden im Lexikon für Religionspädagogik als konsequente Christinnen und Christen bezeichnet, welche die Einheit von Gottes- und Nächstenliebe praktizieren. Sie sind aber auch problematische Vorbilder, die trotz oder auch gerade wegen ihrer Sündhaftigkeit zu denken geben. Dass sie ihre Stärken entdeckt und gelebt haben sowie ihre Schwächen und dunklen Seiten erkannt und getragen haben, liegt wohl an ihrem unbedingten Vertrauen in das Ja ihres Gottes, der sie trägt und hält in unendlicher Treue, wie es Jesaja formuliert (Jes 46,4).

Bildungssituation: Nikolausfeier

Der zweigruppige Pfarrcaritas-Kindergarten wurde in einem neu entstandenen Wohngebiet vor etwa zehn Jahren errichtet und befindet sich in der Nähe von Linz. In dem Gebäude sind auch Räumlichkeiten für Pfarrveranstaltungen untergebracht. Durch diese Vernetzung hat sich eine gute Zusammenarbeit mit der Pfarre entwickelt. Seit einem Jahr wird eine alterserweiterte Gruppe mit unter dreijährigen Kindern geführt.

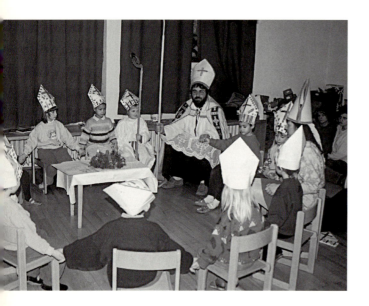

In den vergangenen Jahren konnten wir immer wieder beobachten, dass sich manche Kinder ängstigten, wenn der bereits verkleidete Nikolaus zur Feier in die Gruppe kam. Da wir in diesem Jahr viele Dreijährige hatten, war das für uns Anlass, unsere traditionelle Feierform kritisch zu hinterfragen.

Wir tauschten uns auch mit Kolleginnen in anderen Kindergärten aus und stellten fest, dass das „Anziehen" des Nikolausdarstellers häufig in die Feier eingebaut wird. Nach einigen Gesprächen beschlossen wir unsere heurige Nikolausfeier dahingehend zu verändern.

Es war uns auch wichtig, den Eltern unsere Überlegungen bezüglich der Neugestaltung der Nikolausfeier mitzuteilen. Bei einem Elternabend stellten wir unsere pädagogischen Überlegungen vor. In der anschließenden Diskussion brachten einige Eltern ihre Bedenken ein, ließen sich aber von unseren Argumenten überzeugen. Umso erstaunter waren wir, als uns nach einigen Tagen die Elternvertreterin mitteilte, dass nun doch einige Eltern nicht mit der abgeänderten Feierform einverstanden waren.

Da wir aber an unserer Feierform festhalten wollten, besprachen wir gemeinsam mit unserem Erhalter die weitere Vorgangsweise. Nach einigen Gesprächen beschlossen wir, zu einem Elternabend mit einer externen Referentin einzuladen. Nach einem Impulsreferat und einer weiteren Diskussion mit vielen Pro-, aber auch Kontrastimmen einigten wir uns auf folgenden Kompromiss: Zwei Kinder, deren Eltern dagegen waren, würden während des Anziehens des Nikolausdarstellers mit einer Kollegin in den anderen Raum gehen und den Tisch für die Nikolausfeier vorbereiten.

Das Nikolausfest verlief sehr stimmungsvoll und wir waren froh, dass wir den unterschiedlichen Anforderungen gerecht werden konnten.

Folgende Kompetenzen werden gefördert

Selbstkompetenz:

Die Kinder beteiligen sich aktiv an Festvorbereitungen.
Sie äußern ihre eigenen Vorstellungen und Ideen für den Festablauf.
Die Kinder überlegen und entscheiden über die Gestaltung der Nikolausfeier.
Durch das Rollenspiel, selbst ein kleiner Nikolaus zu sein, wird das Selbstwertgefühl gestärkt.

Sozialkompetenz:

Die Kinder spielen selbst Nikolaus und beschenken einander.
Sie empfinden Freude, anderen Gutes zu tun.
Die Kinder lernen in alltäglichen Situationen helfen und heilen.
Die Kinder lernen auf Nöte anderer aufmerksam zu werden.
Sie nehmen Nöte heutiger Menschen wahr und üben sich in prosozialem Verhalten.

Sachkompetenz:

Die Kinder hören über das Leben und Wirken des hl. Nikolaus.
Sie lernen einzelne Legenden kennen.
Die Kinder gestalten Bischofsmützen und basteln kleine Geschenke.
Sie lernen Lieder für die Feier.
Die Kinder lernen die Zeichen und Aufgaben des Diözesanbischofs kennen.
Die Kinder erkennen einen Zusammenhang zwischen dem vorbildhaften Tun
des Nikolaus und dem Wirken Jesu.

Transaktionale Prozesse

Objektivieren:	Die Kinder lernen Heilige in ihrem vorbildhaften Tun kennen.
Subjektivieren:	Im Rollenspiel werden sie selbst kleine Niköluse und ahmen sein Tun auf ihre Weise nach.
Aneignen:	Die Kinder überlegen, wie heute Menschen in Not geholfen werden kann.
Vergegenständlichen:	Die Kinder gestalten die Feier und den Tischschmuck.

Religionspädagogische Tipps

Neben den Heiligenlegenden lassen sich folgende biblische Stellen sehr gut einsetzen, da sie kindgemäß und als Geschichte mit Personen zur Identifikation hilfreich sind: Mk 9,33–37 (Wer ist groß vor Gott), Mk 10,17–31 (Was muss ich tun?), Lk 10,25–37 (Beispiel vom barmherzigen Samariter).

Mögliche pädagogische Grundlinien für die Vorbereitung des Martinsfestes:

- Miteinander teilen: Legende vom Mantelteilen.
- Einfach leben lernen: Der hl. Martin wählte bewusst eine einfache Lebensweise – entgegen der damaligen Tradition in seinem Stand als Bischof.
- Die Nöte anderer sehen lernen: Der hl. Martin nahm sich in besonderer Weise der Armen an.
- Sich vertragen: Martin setzte sich für ein friedliches Leben ein und gab seinen Beruf als Soldat auf.

Mögliche pädagogische Grundlinien für die Vorbereitung der Nikolausfeier:

- Der hl. Nikolaus war ein Freund Jesu. Wie Jesus war er gut zu den Menschen. Er half ihnen, wenn sie in Not waren.
- Der hl. Nikolaus war ein Bischof. Ein Bischof ist ein guter Hirte. Er hilft den Menschen. Er erzählt von Gott. Er will, dass die Freunde Jesu fest zusammenhalten.
- Wir wollen wie Nikolaus sein. Wir feiern und spielen den hl. Nikolaus. Wir freuen uns und beschenken einander. Jeder von uns will ein Nikolaus sein und Gutes tun.

Elternarbeit

Kindergartenpädagoginnen und Eltern haben unterschiedliche Vorstellungen über die Gestaltung der Nikolausfeier. Viele wollen das mythische Element des verkleideten Nikolaus, wie sie ihn aus ihrer Kindheit in Erinnerung behalten haben, andere betonen das spielerische Nachahmen des sozialen Verhaltens des Heiligen.

Bei stark gegensätzlichen Ansichten ist es sinnvoll, das Gespräch mit den Eltern zu suchen und die Vorgehensweise abzusprechen.

Folgende Argumente könnten für das Nikolausspiel hilfreich sein:

- Ängste vor fremden verkleideten Nikoläusen werden vermieden
- Nikolaus und Geschenke werden nicht als Erziehungsmittel missbraucht
- Gemeinsames fröhliches Fest feiern
- Einander beschenken
- Keine Konsumhaltung, sondern aktiv durch die Kinder mitgestaltetes Fest
- Gemeinsame Nikolausjause mit Nikolausdarsteller

Fragen zur Reflexion

- Wie habe ich selbst als Kind die Nikolausbesuche erlebt?
- Welches Brauchtum gibt es zum Martins- und Nikolausfest?
- Wie kann der christliche Charakter bei der jeweiligen Feier hervorgehoben werden?

Teamarbeit

- Gibt es eine gemeinsame Abstimmung, um kein Konkurrenzdenken aufkommen zu lassen?
- Werden bei der Planung die verschiedenen Interessen (Kinder, Eltern, Erhalter, Pfarrgemeinde) pädagogisch verantwortlich abgestimmt?
- Sind die Kinder beim Fest aktiv beteiligt und in die Gestaltung mit einbezogen?

Zum Weiterlesen

Sr. Ulrike Schaussberger/Alois Brunner: St. Nikolaus, Herausgeber Pastoralamt der Diözese St. Pölten

Annegert Fuchshuber/Ursel Scheffler: Ein Geschenk für den Nikolaus, Verlag Maier, Ravensburg 1983

Annegert Fuchshuber: Die Nikolausstiefel, Verlag Kaufmann, Lahr 2004

Lene Mayer-Skumanz/Maria Blazejovski: Suchen wir den Nikolaus, Verlag Jugend und Volk, Wien 1991

Regine Schindler/Hilde Heyduck-Huth: Martinus teilt den Mantel, Verlag Kaufmann, Lahr 1997

Wolfgang Bittner/Ursula Kirchberg: Felix, Kemal und der Nikolaus, NordSüd Verlag, München 1990

Ursula Wölfel/Daniele Winterhager: Das schönste Martinslicht, Verlag Gabriel

Norbert Mette/Folkert Rickers (Hg.): Lexikon der Religionspädagogik, Bd. 1, Neukirchener Verlag, Neukirchen-Vluyn 2001

Herlinde Almer/Dietmar Krausnecker: Bischof Nikolaus, RPI Graz, 1989

Jutta Bauer/Kirsten Boie: Juli tut Gutes, Beltz Verlag, Weinheim 2005

Vera Schauber: Mein großes Buch der Heiligen und Namenspatrone, Don Bosco, München 2003

Unterwegs zum Osterfest

Ohne Zweifel bieten das Erwachen der Natur, der Frühling und das Osterfest wichtige Impulse für die Planung im Kindergartenjahr. Endlich können nach dem Winter die Kinder wieder in den Garten hinaus und das Werden und Wachsen von Pflanzen und Tieren beobachten. Ebenso bemerken die Kinder das Ende der Faschingszeit: Faschingsgegenstände werden miteinander weggeräumt; eine neue Zeit im Jahreskreis bricht an.

Auch in der Erwachsenenwelt wird die Fastenzeit wahrgenommen: als eine Zeit, in der wie bei einem Frühjahrsputz der Körper gereinigt und fit gemacht wird für das Frühjahr und den Sommer. Für die innere Entwicklung besinnen sich Erwachsene auf wesentliche Werte im persönlichen Leben. So spielt die Fastenzeit auch ohne christliche Orientierung eine wesentliche Rolle.

Für Christen beginnt mit der Fastenzeit (der österlichen Bußzeit) die Vorbereitung auf das höchste Fest im Kirchenjahr, das Osterfest, die Festfeier vom Tod und der Auferweckung Jesu. Die Orientierung am Lebensbeispiel Jesu, die Besinnung auf Werte der christlichen Nächstenliebe und die fundamentale Hoffnung, dass Leid, Unrecht, Scheitern und Tod nicht das letzte Wort haben, sondern dass durch Gott, den Liebhaber des Lebens, ein neuer Anfang, ein neues Leben geschenkt wird, prägen als Lebensprinzip den Osterfestkreis und das ganze Kirchenjahr.

Auch im Buch „Bildungsqualität im Kindergarten", das den transaktionalen Ansatz für den Kindergarten vorstellt, wird als ein Impuls der Umwelt das Osterfest für die Planung genannt.

Religionspädagogischer Hintergrund

Religiöse Dimension

Das Erwachen der Natur, das Werden und Wachsen von Pflanzen und Tieren, das Sonnenlicht verstehen wir als Symbole des Lebens, neuen Lebens. Die Kinder dieses Frühlingserwachen beobachten zu lassen, Samen einzusetzen, Pflanzen großzuziehen und vieles mehr macht die Kinder sensibel für das Leben, die Natur. Dies stärkt die wichtige Grundhaltung, Leben zu achten und Leben zu fördern. Gleichzeitig schwingt in diesen Erfahrungen des Entstehens und Reifens der Natur das Geheimnisvolle des Lebens mit. Fragen und Vorstellungen der Kinder und der Kindergartenpädagogin über das Leben und sein Geheimnis ermöglichen ein philosophisches Gespräch miteinander.

Christliche Dimension

Fastenzeit (österliche Bußzeit), Karwoche, Kreuz, Ostern lassen sich auf eine Person fokussieren: Jesus von Nazaret. Jesus setzt sich für die Menschen ein. Jesus kommt in Konflikt mit den Mächtigen. Jesus wird getötet. Jesus wird durch Gott ein neues Leben geschenkt. Jesus lebt bei Gott. So kann sich die Hinführung auf Ostern für Kleinkinder auf Jesus konzentrieren.

Nicht die Frage des Fastens, des Verzichtes auf bestimmte Süßigkeiten usw. ist für Kleinkinder wichtig, sondern Jesus als Freund kennen und schätzen zu lernen, sich Jesus als Vorbild zu nehmen. Die Beziehung zu Jesus wird vertieft und sein Tun wird nachgeahmt. Fastentücher, Fastenkalender, Fastenweg, die Geschichten von Jesus darstellen, sind Hilfen auf dem 40-tägigen Weg zum Osterfest.

So wie die Emmauserzählung (Lk 24,13–35) das Ostergeschehen in Kurzform wiederholt und den auferweckten Jesus in die Mitte des Mahles stellt, so kann im Kindergarten eine nachösterliche Feier nochmals das Osterfest aufgreifen und vertiefen. Lebensfreude, Lebenslust, einfach die Freude über das Leben, über das neue Leben Jesu, über das Miteinander im Kindergarten werden auf verschiedene Weise in diesem nachösterlichen Miteinander-Feiern ausgedrückt.

Bildungssituation

Im folgenden Beispiel wird eine Situation aus einem kirchlichen Kindergarten aufgegriffen, in dem der Schwerpunkt auf eine christliche Hinführung und Gestaltung des Osterfestes gelegt wurde. Der Kindergarten wird eingruppig geführt. Der Kindergarten ist gut in das Pfarrleben integriert und bei besonderen Anlässen in der Festgestaltung mit eingebunden.
Ein weiterer pädagogischer Schwerpunkt dieses Kindergartens liegt in der frühen Leseförderung, der Kindergarten verfügt auch über eine eigene Kinderbibliothek.

Die Vorbereitungen auf Ostern brachte Bianca, eine Schulanfängerin in meiner Gruppe, ins Rollen. Gleich nach den Faschingstagen kam sie mit dem Vorhaben in den Kindergarten, für Ostern einen Raumschmuck gestalten zu wollen. Bernd, Laura und Birgit, die Freunde von Bianca, schlossen sich dieser Idee an.

Zwischen den Kindern entwickelte sich ein angeregtes Gespräch und sie tauschten sich darüber aus, wie wir uns im Vorjahr auf das Osterfest in der Gruppe vorbereitet hatten. Gemeinsam überlegten sie, was wir heuer machen könnten. Bianca schlug vor, dass wir für einen Osterstrauch Eier bemalen, und hatte auch gleich eine Idee, welche ihr bereits bekannte Technik sie dafür verwenden möchte.

Bernd erzählte von einer Videokassette über das Leben Jesu, die er zu Hause gesehen hatte. Ich ermunterte ihn uns darüber zu erzählen. Besonders beeindruckt schilderte er uns die Leidensgeschichte von Jesus. Er brachte aber auch einiges von dem ein, was ich im letzten

Jahr den Kindern erzählt hatte. Laura erinnerte sich an das Bilderbuch „Jesus in Jerusalem", das ich den Kindern gezeigt hatte, und auch daran, dass ich ihnen Ansichtskarten aus dem Land, in dem Jesus gelebt hat, mitgebracht hatte. Sie bat mich, ihr mehr von Israel zu erzählen.

Daraufhin besorgte ich mir die Diareihe „Leben in Israel", die wir miteinander anschauten. Ich brachte auch typische Speisen wie Oliven und Datteln mit, die wir verkosteten.

Aufbauend auf dieses bereits vorhandene Wissen war es mir ein Anliegen, das Leben Jesu und sein Wirken gemeinsam mit den Kindern zu vertiefen. Dies versuchte ich anhand von biblischen Erzählungen mit dem Bibelbilderbuch von Bartimäus und der Erzählung von Zachäus. Diese Geschichte löste bei den Kindern eine angeregte Diskussion über das Verhalten Jesu aus, mit dem Betrüger Zachäus essen zu wollen.

Für die Osterfeier zu Hause fertigten die Kinder einen Tonkerzenständer an. Am Palmsonntag nahmen wir an der Palmprozession in der Pfarre teil.

Das Osterfest feierten wir nach den Osterferien. Ich erzählte den Kindern das Bilderbuch „Der Ostermorgen". Nach der Osterjause, die wir miteinander vorbereitet hatten, suchten wir im Garten die Osternester.

Folgende Kompetenzen werden gefördert

Selbstkompetenz:

Die Kinder greifen religiöse Fragen auf, besprechen sie mit der Kindergartenpädagogin und werden fähig, offen über Fragen des Glaubens zu sprechen.

Die Kinder denken über den Wert der Natur und des Lebens nach und gehen achtsam damit um.

Die Kinder werden fähig, religiöse/christliche Begriffe, wie Jesus, Ostern, Palmsonntag, neues Leben, zu benennen, ihre Vorstellungen mit denen der Kindergartenpädagogin zu vergleichen und zu vertiefen.

Die Kinder verbalisieren ihre Gefühle in Bezug auf Leid und Tod Jesu und bringen ihre Vorstellungen ein.

Im Rollenspiel identifizieren sie sich mit Personen der Geschichten und erleben unterschiedliche Facetten ihrer Rolle und ihrer Person; sie lernen verschiedene Rollen zu spielen.

Sozialkompetenz:

Förderung des Einfühlungsvermögens in die Not der anderen.

Durch die vorbildhaften Geschichten von Jesus identifizieren sie sich mit einzelnen Personen und versuchen sie in ihrem positiven Tun nachzuahmen.

Die Kinder kommen durch gemeinsame Feiern oder einen Besuch der Kirche in Kontakt mit der Pfarre.

Die Kinder lernen miteinander zu feiern und selber Vorschläge für ein frohes Fest einzubringen.

Lieder, Zeichnungen, Basteleien werden als Beitrag für die gemeinsame Feier erarbeitet und von den Kindern so verstanden.

Die Kinder erfahren die Bedeutung eines gemeinsamen Essens in Verbindung mit einem christlichen Fest.

Sachkompetenz:

    Kennenlernen des Landes, in dem Jesus gelebt hat.
    Jesus und seinen Umgang mit den Menschen kennen lernen.
    Die Kinder sammeln Ideen für die Feier des Osterfestes und helfen bei den Vorbereitungen für das gemeinsame Osterfest.
    Die Kinder lernen die Bedeutung des Osterfestes für die Christen kennen und verbinden das Osterfest mit Jesus.
    Die Kinder lernen die Bedeutung mancher Ostersymbole wie Osterei, Osterhase, Osterkerze kennen.

Eltern- und Öffentlichkeitsarbeit

Die Eltern werden über die Vorbereitungen im Kindergarten auf das Osterfest informiert. Dies geschieht in Form von Elterninformationen, in Gesprächen … Gerade im Bereich der religiösen Erziehung ist auf die Eltern und deren Religiosität Rücksicht zu nehmen und bei Festen mit der Pfarre der Einladungscharakter hervorzuheben.

Religionspädagogische Tipps

- Leiden und Tod Jesu sollen nicht ohne vertrauensvolle Hoffnung auf ein neues Leben durch Gott erzählt werden.
- Das Kreuzsymbol sollte im Kindergarten durch ein positives Symbol der Hoffnung, des Lebens ergänzt werden (z.B. Sonne, Lebensbaum).
- Der Kreuzweg darf Kindern keineswegs drastisch erzählt werden. Auch die biblischen Erzählungen tun dies nicht. Grausame Darstellungen sind zu vermeiden. Wenn mit den Kindern der Kreuzweg gegangen wird, genügen wohl einige wenige Stationen. Den Schluss sollte jedenfalls ein Bild der Auferstehung darstellen.
- Die neutestamentlichen Erzählungen zum Leiden und Tod Jesu sollten weder ausgemalt noch zu historischen Schilderungen verkürzt werden. Sätze wie „Gott Vater wollte es, dass Jesus für uns gestorben ist" sollten vermieden werden. Auch die Erscheinungstexte verzichten auf eine Beschreibung des Auferstandenen.
- Kinder fragen, warum Jesus, der doch so viel Gutes getan hatte, getötet wurde. Die Geschichte von der sogenannten Tempelreinigung (Mk 11,15–19) könnte eine Hilfe sein: Den Mächtigen ging es nicht um die armen Menschen oder um Gott, sondern um ihr Geld. Sie fürchteten einen Aufstand. Daher musste Jesus sterben.
- Im Kindergarten genügt es, wenn in Kurzform die Ereignisse der Karwoche, z.B. anhand des Bibelbüchleins „Jesus in Jerusalem", von der Kindergartenpädagogin erzählt werden.
- In manchen Pfarren nehmen Kindergartenkinder an der Palmsonntagsprozession teil. Für eine kindgemäße Teilnahme könnten die Kinder gefragt werden, wie sie den anderen zeigen wollen, dass sie Freunde von Jesus sind (z.B. durch ein Transparent oder eine kleine Fahne mit einer gezeichneten Jesusgeschichte).
- Gerade im Zusammenhang mit den Erscheinungserzählungen ist zu betonen, dass wir in Fragen des Glaubens nicht alles wissen können/müssen; daher ist „Ich weiß es auch nicht, aber ich glaube, dass …" ehrlicher.

Anregungen für die Planung

- Berücksichtige ich die Impulse der Kinder, die bereits im Vorjahr in der Gruppe waren, bei der Vorbereitung auf Ostern?
- Auch eine vorbereitete Umgebung nach dem Faschingskehraus – z.B. mit einem Jesusbuch, einem Ostersymbol – führt die Kinder zu Fragen.
- Gibt es örtliche Bräuche, die zu beachten sind?
- Für die Gestaltung nach dem Osterfest können besonders folgende Fragen gemeinsam überlegt werden: Was macht uns Freude? Wie können wir unsere Freude darüber ausdrücken, dass Jesus ein neues Leben geschenkt worden ist?

Fragen zur Reflexion

Für die Kindergartenpädagogin können auch noch folgende Fragen hilfreich sein.
- Was ist für meine Kinder und für mich selber lebensfördernd?
- Was tut den Kindern in meiner Gruppe gut und wie kann ich dies besonders in der Vorbereitung auf Ostern einbauen?
- Welche Vorstellungen haben meine Kinder über Ostern? Was war mir wichtig? Was war den Kindern wichtig?
- Ist es mir gelungen, den Kindern Jesus nahe zu bringen bzw. die Beziehung zu ihm zu vertiefen?
- Haben wir das Osterfest mit allen Sinnen wahrgenommen und erlebt?
- Welche Bedingungen brauchen die Kinder, dass sie Leben erspüren und Auferstehung für sich erleben?
- Gibt es für mich/den gesamten Kindergarten/die Pfarre Möglichkeiten, an einer lebenswerten Umwelt der Kinder mitzuhelfen?
- Inwiefern bin ich auf die unterschiedlichen Einstellungen der Kinder und Eltern in Bezug auf den christlichen Hintergrund des Osterfestes eingegangen?
- Schaffe ich in meiner Gruppe eine lebensfördernde Atmosphäre, die Raum und Zeit für Fragen, Ideen der Kinder ermöglicht?
- Ist es mir gelungen, mich religiös/christlich in die Vorbereitung auf Ostern einzubringen?
- Wie geht es mir persönlich mit den Fragen des Leides und Todes?
- Welche Vorstellungen über ein Weiterleben oder Leben nach dem Tod habe ich? Welche Hoffnung trägt mich?

Teamarbeit

- Hat es gemeinsame Überlegungen zur Vorbereitung auf Ostern gegeben? Besonders jene Kindergartenpädagoginnen, die in der Pfarre aktiv und in liturgische Feiern eingebunden sind, sind von ihren Kolleginnen angefragt.
- Wurde mit der Pfarre Kontakt aufgenommen, um eventuell gemeinsame Aktivitäten zu setzen?
- Was haben die Kindergartenpädagoginnen und die weiteren Mitarbeiterinnen getan, dass sie selbst Lebensqualität im Kindergarten erfahren?

Transaktionale Prozesse

Objektivieren: Die Kinder lernen Zeiten der Besinnung und Vorbereitung kennen und stellen sich darauf ein.
Subjektivieren: Die Kinder bringen in den Kindergarten ein, was sie von Erwachsenen und ihrer Umwelt/Pfarre gehört und erfahren haben.
Aneignen: Die Kinder spielen Jesusgeschichten nach, zeichnen und gestalten und schmücken mit verschiedenen Materialien den Gruppenraum festlich.
Vergegenständlichen: Die Kinder gestalten kreativ das Ostermahl nach Ostern.

Exkurs: **Die Bibel im Kindergarten**

Kinder sind neugierig, sie haben Lust auf Entdeckungsreise zu gehen; sie hören gerne Geschichten. Sie identifizieren sich mit Personen in den Erzählungen. Warum sollen sie nicht auch durch biblische Geschichten Gott und Jesus auf die Spur kommen?

Die pädagogische Frage an uns ist nicht, ob wir aus der Bibel erzählen sollen, sondern welche Texte geeignet sind und wie wir sie für die Kinder aufbereiten. Denn die Bibel ist weder ein Geschichtenbuch im Sinne von Abenteuern, weder ein geschichtlicher Bericht, z.B. über die Entstehung der Welt oder über das Leben Jesu, noch ein Moralbuch fürs Bravsein. Sie ist überhaupt nicht für Kinder geschrieben worden.

Sie ist ein Be-Denkbuch für Menschen christlichen Glaubens heute, weil wir in ihr Menschen begegnen, die dem Heiligen und ihrem Heil nachgegangen sind, die vielfältige, oft widersprüchliche Lebenserfahrungen damit gemacht haben. Jene, die diese Texte geschrieben, zusammengestellt, als heilige Schriften bewahrt und weitergegeben haben, lassen uns an ihrem Glauben und Leben teilhaben – tröstend, Widerspruch erregend, zumutend und herausfordernd.

Wie geht es uns mit diesen gelebten Beispielen, mit der Heiligen Schrift? Warum lese, erzähle ich aus der Bibel?

Zurück zu unserer pädagogischen Frage des Wie. Selbstverständlich müssen wir auswählen, denn z.B. die Tötung des Isaak durch seinen Vater oder die ähnliche Szene am Ölberg, in der Jesus seinen grausamen Tod als Willen seines Vaters annimmt, sind für Kindergartenkinder nicht geeignet. Als Pädagogin wähle ich Geschichten aus, die das Vertrauen in Gott und in die Welt verstärken, die Mut machen, die sensibel machen für die Not der Mitmenschen und die Hoffnung schenken auf eine neue, friedvolle Welt. Erzählungen aus dem Lukasevangelium, die uns plastisch Jesus, sein Verhalten, seine Geschichten über Gott und die neue Welt vor Augen führen, sind besonders geeignet, weil sie eine Beziehung zur Person Jesus aufbauen. Zur eigenen Vorbereitung ist es wichtig, den Text für Erwachsene (zum Beispiel Einheitsübersetzung) zu lesen. Beim Lesen fällt einem Neues auf, Paralleltexte der anderen Evangelien eröffnen neue Sichtweisen. Welche Personen kommen vor? Wie verhalten sie sich zueinander? Wo finde ich mich in der Geschichte? Warum erzählt Jesus diese Geschichte (dieses Gleichnis) bestimmten Zuhörern?

Mit welchem Satz wird eine sogenannte Wundererzählung beendet und welchen Hinweis gibt mir das auf die Aussage? Was spricht mich an? Was stört mich? Wenn wir uns selbst mit dem Bibeltext auseinander setzen, wird unser Erzählen glaubwürdig und ehrlich. Auch nach dem neuen Bildungskonzept gibt es genügend Anlässe, biblische Geschichten den Kindern nahe zu bringen: Christliche Feste werden erklärt und vertieft; Fragen der Kinder nach Gott lassen sich auch durch Geschichten Jesu über Gott beantworten, z.B. wie Gott zu uns ist: Er sucht uns (Lk 15); er ist wie ein Vater/eine Mutter. Daher betet Jesus zu Gott in der kindlichen Form des Wortes Vater (Lk 11,14); Jesus achtet die Kinder (Lk 18,15–17); jede/r darf zu ihm kommen, niemand wird ausgeschlossen (Lk 19: Zachäus).

Auch Sinngeschichten zur Lebenshilfe bieten sich an, wie die Geschichte vom Samariter (Lk 10,25–37), vom reichen Mann (Lk 18,18–30), vom Streit der Freunde Jesu (Lk 9,46–48), vom Vertrauen auf Jesus (Lk 8,22–25: Sturm auf dem See). Geschichten von Frauen dürfen nicht fehlen, wie jene von Maria und Marta (Lk 10,38–42) oder der Fund des leeren Grabes (Lk 24,1–12).

Im Sinne einer vorbereiteten Umgebung kann ich verschiedene Kinderbibeln, manchmal auch eine schöne, wertvolle Bibel in der „Bücherecke" auflegen. Kinder sind oft fasziniert von Kunstdarstellungen zu biblischen Geschichten oder auch von Fotos von Palästina, die ihnen das Land Jesu nahe bringen.

Pädagogisch sehr sinnvoll, aber schwierig ist es, die biblische Geschichte ohne ein Bild zu erzählen. Mein persönlicher Text – möglichst nahe am Original, in kurze Sätze gefasst, mit direkter Rede, in Gegenwartsform –, meine direkte Beziehung zu den Kindern, meine Stimme, meine Intuition, die mitschwingt, spricht die Kinder unmittelbar an. Die Imagination der Kinder wird angeregt und die Worte gehen in die Tiefe. Auch das spontane Erzählen, das nicht perfekt ist, aber aus eigener Betroffenheit kommt und lebendiger wirkt, hat seine Berechtigung. Zu solchem persönlichen Erzählen möchte ich sehr ermuntern.

Meist wird anhand eines Bilderbuches mit Bildfolgen vorgelesen, manchmal auch mit ein/zwei Bildern und Nacherzählungen der Kinder; ein kurzer Liedvers, dazwischen oder am Ende gesungen, verstärkt den wichtigsten Gedanken. Wesentlich ist dabei auch ein Erzählritual für die Kindergruppe, z.B. ein Gong, ein besonderer Platz, Stille, eine angezündete Kerze.

Der Beginn des Erzählens könnte z.B. lauten: „Lukas, ein Freund Jesu, hat uns eine Geschichte über Jesus aufgeschrieben." Leider schreiben manche Kinderbibeln als Überschrift „Wie Jesus …", was einen geschichtlichen Bericht vermuten lässt. Die Erzählung sollte nicht durch eine „Moral von der Geschichte", durch eine Wertung der Erzählerin, was gut oder böse war, ergänzt werden. Das Ende kann offen sein und die Kinder zum Weiterdenken anregen. Der Gebrauch von Bibelbilderbüchern kann Jesusvorstellungen der Kinder verfestigen oder erweitern. Methodische Vielfalt in der Vertiefung der jeweiligen Geschichte ist angefragt: ob mit Malen, mit Ausspielen mit Stabfiguren, Handpuppen oder mit größeren Kindern im Rollenspiel.

Empfehlenswerte Kinderbibeln

- Emil Maier-Fürstenfeld: **Meine kleine Bilder-Buch-Bibel,** Verlag Katholisches Bibelwerk, Stuttgart 2002, 212 S.
  Die bekannten Bibelbilderbücher von Emil Maier-Fürstenfeld sind in dieser Neuerscheinung mit acht Erzählungen aus dem Alten und Neuen Testament in einem kleinen, für Kinder ab drei Jahren geeigneten Format (15 x 15 cm) zusammengefasst.
- Irmgard Weth/Bilder von Kees de Kort: **Neukirchener Kinderbibel,** Kalenderverlag des Neukirchener Erziehungsvereins, 13. Aufl. 2001, 336 S.
  Die sorgfältig gestaltete Sprache dieser Kinderbibel ohne Ausschmückung und überflüssige Zugaben wird sowohl der Botschaft als auch dem kindlichen Fassungsvermögen gerecht. Farbkräftige Bilder, die beiliegende Audio-CD und ein knapper Anhang mit Hinweisen zur Bibel sprechen Auge, Ohr und Hirn an.
- Regine Schindler/Stefan Zavrel: **Mit Gott unterwegs,** Bohem-Press, Zürich 2003, 286 S.
  Die Bibelstellen dieser Kinderbibel (von der Erschaffung der Welt bis zur Apostelgeschichte) werden von der Autorin innerhalb einer Rahmengeschichte erzählt, ausgeschmückt und interpretiert. Bemerkenswert, dass auch Frauengestalten des Alten Testaments ihren Platz finden. Faszinierende und ausdrucksstarke Illustrationen.
- Ursel Scheffler/Bettina Gotzen-Beek: **Herders Kinderbibel,** Verlag Herder, Freiburg 2001, 224 S.
  Diese umfangreiche Kinderbibel enthält 45 Geschichten aus dem Alten Testament und 44 aus dem Neuen Testament. Einfache Sprache und bunte, großflächige Illustrationen laden schon Kindergartenkinder zum Hören von Bibelgeschichten ein.
- Werner Laubi/Annegert Fuchshuber: **Kinderbibel,** Verlag Kaufmann, Lahr 1992, 280 S. (gebundene Ausgabe) bzw. Arena Verlag, Würzburg 2001, 224 S. (broschierte Ausgabe)
  Die ausdrucksstarken Bilder von Annegert Fuchshuber bestechen durch ihre Leuchtkraft und vertiefen den Text. Bemerkenswert sind auch aktuelle Bezüge, wie etwa Verweise auf Franz von Assisi bei den Seligpreisungen oder auf Mutter Teresa bei der Geschichte vom barmherzigen Samariter. Werner Laubi erzählt die biblischen Geschichten kindgemäß bewusst nahe am ursprünglichen Text.

Zum Weiterlesen

Hans Gerhard Behringer: Heilkraft der Feste, Kösel-Verlag, München 1997
Reinmar Tschirch: Biblische Geschichten erzählen, Kohlhammerverlag Stuttgart 1997
Josef Peterseil/Ulrike Stadlbauer: Leben in Israel, Diareihe
Deutsche Bibelgesellschaft, Reihe: Was uns die Bibel erzählt, Jesus in Jerusalem, Zachäus, Bartimäus
Josef Peterseil/Ulrike Stadlbauer: Freut euch mit mir, Veritas Verlag, Linz 1988
Josef Peterseil/Ulrike Stadlbauer: Kommt! Werdet meine Freunde!, Eigenverlag, Linz
Waltraut Hartmann/Martina Stoll/Natalie Chisté/Michaela Hajszan: Bildungsqualität im Kindergarten, öbv&hpt, Wien 2004
Regine Schindler/Ivan Gantschev: Der Ostermorgen, Verlag Patmos, Düsseldorf 1996
RPI Linz, Behelf „Unterwegs zum Osterfest"
Brian Wildsmith: Die Ostergeschichte, Bohem Press, Zürich 1994
Hermann-Josef Frisch/Ivan Gantschev: Der Chamäleonvogel. Eine Ostergeschichte für Kinder und ihre Eltern, Gütersloher Verlagshaus, Gütersloh 2005

Leid und Tod zur Sprache bringen

Der Tod tritt oft spät in das Lebensumfeld von Erwachsenen. Die westliche Welt hat Leid/Krankheit und Tod verdrängt, tabuisiert. Sie passen nicht zum schönen, vollkommenen, unsterblichen Menschen, der auf Glücksmaximierung aus ist. Auch wenn täglich im Fernsehen Tote über Tote vorkommen – wir schauen heute gleichsam den Tod und werden immunisiert gegen das öffentliche Sterben –, im persönlichen Bereich macht Sterben, Tod ängstlich, sprachlos. Mitleid und Leidensfähigkeit wurden abgewöhnt. Damit trifft der Tod unvorbereitet. Der kranke, sterbende Mensch kommt ins Krankenhaus, dort wird er besucht. Eine tiefer gehende Auseinandersetzung mit Leid/Tod findet nicht statt. Die Hektik des Alltags, die Arbeitswelt lässt keine Nachdenkpause zu.

Besonders angeregt durch die Forschungen von Kübler-Ross wird zumindest durch Einzelinitiativen und christliche Krankenhäuser dem menschenwürdigen Sterben im Spital verstärkt Aufmerksamkeit geschenkt. Es werden Palliativstationen errichtet, die ein Lebensende in Würde und im Beisein der Verwandten ermöglichen. Damit verbunden werden Abschiedsrituale und eine Gesprächskultur entwickelt.

Während die frühere Pädagogik oft von übertriebener Härte gekennzeichnet war, um auf das Leben vorzubereiten, werden Kinder heute wie in einem Gewächshaus vor Gefahren bewahrt und ihnen wird teilweise eine heile Welt vorgespielt. Eltern und Pädagoginnen wollen das Beste für das Kind und meinen, die Kinder von allen negativen Ereignissen und Gefühlen verschonen zu müssen („Alles ist lieb, gut, schön").

Doch Kinder machen sehr wohl Erfahrungen des Abschied-nehmen-Müssens, des Verlustes. Sind es die ersten Tage im Kindergarten ohne Eltern, ist es der Verlust eines Lieblingsspielzeuges, Stofftieres, ist es der Tod eines Haustieres, ist es der Tod eines Verwandten bis hin zum Tod eines Freundes, einer Freundin. Auch wenn manche Todesfälle verschwiegen werden, spüren die Kinder die Unsicherheit der Erwachsenen und deren Gefühle. Die Kinder reimen sich dann aufgrund der fehlenden Informationen und der Sprachlosigkeit eigene Vorstellungen zusammen. Sie beziehen in ihrer Egozentrik die negativen Stimmungen der Eltern als Verschulden ihrerseits auf sich. So überträgt sich die Unsicherheit der Erwachsenen, die selbst keine Gesprächskultur über Gefühle erlernt haben, auf die Kinder.

Wenn die Erwachsenen auf die Kinder eingehen, merken sie, wie diese spontan, direkt und mit wechselnden Emotionen dem Thema Tod begegnen.

Die Kindergartenpädagoginnen, die sich zumeist, wie auch die anderen Erwachsenen, mit der Problematik des Todes erst im Anlassfall persönlich und pädagogisch auseinander setzen, sind herausgefordert, sich selbst präventiv und intensiv vorzubereiten. Auch die Kinder können bei verschiedensten Anlässen und Erfahrungen zum Thema Leid/Tod geführt beziehungsweise begleitet werden.

Was brauchen nun Kinder in ihren Leidens- und Abschiedserfahrungen? Werner Burgheim nennt Folgendes:

- Menschliche Wärme
- Feste und sichere Beziehungen
- Menschen, die ihre starken Gefühle (Zorn, Traurigkeit, Freude, Verzweiflung) aushalten
- Einen heilenden Rhythmus und geregelten Tagesablauf
- Rituale
- Kuschelstunden und körperlichen Kontakt
- Keine langen Erklärungen, sondern kleine Häppchen an Information
- Die Gewissheit, dass sie an der Krankheit keine Schuld haben und geliebt werden
- Die Erlaubnis, sich fürsorglich und hilfsbereit zeigen zu dürfen
- Die Erlaubnis, mit den Freunden über die Krankheit des Vaters oder der Mutter reden zu dürfen

Religionspädagogischer Hintergrund

Religiöse Dimension

Die Frage nach dem Warum, der Sinnhaftigkeit von Leiden, Sterben und Tod ist so alt wie der Mensch selbst. Die Antworten der Religionen fallen unterschiedlich aus; aber allen ist gemeinsam, dass mit dem Tod das Leben nicht aus ist. Gott/Götter ist/sind mächtiger als der Tod. Viele Menschen sehen im Leben nach dem Tod eine ausgleichende Gerechtigkeit zum Leben im Diesseits; vielen ist die Vorstellung vom Gericht, von der Vergeltung der guten und bösen Taten eine wichtige Überlegung. Bezüglich der Vorstellungen über ein Weiterleben glauben manche, dass sie in den Kindern, in ihren Werken weiterwirken. Das Sterben wird auch als Übergang in eine neue Lebensform gesehen. Die Seele trennt sich vom Körper und lebt in einer neuen Welt; die Seele kann sich nach Auffassung besonders östlicher Religionen gleichsam mit einem neuen Körper vereinen (Reinkarnation). Dabei wird auch oft an eine Höherentwicklung geglaubt. Sehr häufig wird der Tod als eine Verwandlung des Menschen angesehen, ähnlich wie die Natur sich im Frühjahr verwandelt oder aus der verpuppten Raupe ein schöner Schmetterling entsteht.

Trotz aller Denkversuche, sich durch Analogien oder Bilder dem Tod zu nähern, bleibt das Geheimnis Tod bestehen. Entscheidend bleiben die Fragen – Worauf hoffe ich? Was hält und trägt mich hier und nach dem Tod? Welchen Sinn gibt der Tod dem Leben? – und deren persönliche Glaubensantworten.

Christliche Dimension

Ein ganzes Buch der Bibel, das Buch Ijob, widmet sich dem Thema des leidgeprüften, vom Tod bedrohten Menschen. Jene Freunde, die zu ihm kommen und mögliche Ursachen für sein Leid bei ihm selbst suchen, weist er zurück. So hat er als letzten Gesprächspartner Gott, dem er sein Schicksal klagt, ja ihn anklagt dafür. Gott verweist in seiner Rede auf die großartige Schöpfung, letztlich auf seine Größe und Allmacht, in der sich dann Ijob aufgehoben fühlt. Gott bleibt aber für ihn unfassbar und fern.

Am Beispiel Jesu wird im Neuen Testament aufgezeigt, dass Gott sich selbst in das Leid der Welt, des Menschen hineinbegibt und es mitträgt. Eine neue Qualität Gottes wird darin sichtbar: Er ist nicht der ferne, unnahbare, sondern der ganz nahe, mitleidende Gott. Er schickt weder das Leid, noch kann er es ersparen. Aber er ist ein Gott des Lebens und er erweist sich über den Tod hinaus als jener, auf den man sich verlassen kann, der dem toten Menschen ein neues Leben schenkt (ihn auferweckt).

Bildungssituation

Der zweigruppige kirchliche Kindergarten liegt am südlichen Stadtrand von Linz. Der Kindergartenpädagogin ist es ein Anliegen, die sozialen Kompetenzen der Kinder zu stärken und dies im Umgang miteinander erkennbar werden zu lassen. Schwerpunkte in der pädagogischen Konzeption der Einrichtung sind die Integration der Montessori-Pädagogik und das gruppenübergreifende Arbeiten.
Der Kindergarten ist aktiv in das Pfarrleben integriert und versteht sich auch als Ort der Begegnung für die Pfarrbevölkerung.

Als Lisa, ein Mädchen aus meiner Gruppe, unvorhergesehen an den Folgen einer Herzoperation starb, fand ich mich zunächst vor fast unlösbar scheinenden Problemen. Viele Fragen beschäftigten mich. Einerseits: Wie werde ich mit dem Verlust fertig? Andererseits, viel schwieriger: Wie erkläre ich es den Kindern? Und vor allem: Wie können die Kinder damit umgehen?

Mein erster Gedanke war, mich auf den Weg zu machen, um mir Fachliteratur zu besorgen und darin Rat zu suchen. Ich besann mich jedoch anders und versuchte, rein nach meinen Gefühlen zu handeln. So ließ ich zwei Tage verstreichen, um mir selbst Zeit zu geben, mich mit der heiklen Situation einigermaßen vertraut zu machen. Die erste Hürde stellte sich mir, als die Eltern des verstorbenen Mädchens von mir verlangten, den Kindern nichts zu sagen. Dem setzte ich mich aber entgegen, da ich es für wichtig empfand, die Kinder zu informieren und auf keinen Fall zu belügen.

So verfasste ich einen Elternbrief, in dem ich die Situation erklärte und informierte, dass ich den Kindern das tragische Ereignis bereits mitgeteilt hätte. Darüber hinaus bat ich die Eltern, sich ebenfalls zusammen mit ihren Kindern mit Lisas plötzlichem Tod auseinander zu setzen. Diesen Brief gab ich an dem Tag mit nach Hause, an dem ich mich mit den Kindern zu einem Gespräch zusammengesetzt hatte.

Ich hatte eine Kerze angezündet und versucht, mich von meinen Gefühlen leiten zu lassen, die Situation jedoch möglichst sachlich und schlicht zu erklären. Ich wollte den Kindern nahe bringen, dass Lisa ein krankes Herz hatte, dass sie deswegen sehr schwach war und sie daher nicht mehr die Kraft hatte weiterzuleben.

Die Reaktionen der Kinder waren sehr unterschiedlich. Allgemein stand große Bedrückung im Raum und ein Kind begann zu weinen.

Anschließend sprachen wir gemeinsam ein Gebet für Lisa.

Aus den positiven Rückmeldungen vieler Eltern, die sich herzlich für den Brief bedankten, wusste ich, dass die Auseinandersetzung mit Lisas Tod auch im Elternhaus weiterlief.

In den kommenden Tagen stellte ich fest, dass die Kinder dem gesamten Thema Tod viel natürlicher gegenüberstanden als wir Erwachsene. Es gab immer wieder Kinder, die über den Tod allgemein, vor allem aber über Lisa sprachen. Andere hingegen verhielten sich so, als ob nichts passiert wäre. Ich hörte auch immer wieder, wie die Kinder untereinander darüber sprachen. Zum Beispiel: „Denkst du auch noch oft an Lisa? Sie war eine gute Freundin von uns, stimmt's?" Auch beim Beten kam immer wieder die Bitte: „Beten wir heute wieder einmal für Lisa?"

Mit den Schulanfängern versuchte ich mich mit dem Thema Tod durch das Bilderbuch „Abschied von Rune" auch auf eine andere Art auseinander zu setzen. Ergreifend war für mich in dieser Zeit, dass sich die Kinder sowohl gegenseitig ermutigten und trösteten, aber auch merkten, wenn ich bedrückt war. Sie sagten dann gerne: „Schau, der Lisa wäre es nicht gut gegangen, wenn sie mit ihrem kranken Herzen noch bei uns wäre!"

Angeregt durch Lisas Eltern wurde das kommende Faschingsfest im Kindergarten für Lisa gefeiert, da dies das Ereignis gewesen wäre, auf das sich Lisa nach der Operation besonders gefreut hatte. Ihre Eltern sponserten das Fest, da sie so das Gefühl hatten, noch etwas für ihr Kind tun zu können. So feierten wir ganz in Lisas Sinne ein sehr besonderes und trotzdem fröhliches Abschiedsfaschingsfest.

Folgende Kompetenzen werden gefördert

Selbstkompetenz:

Die Kinder lernen ihre Gefühle der Trauer, Wut ... zu äußern.
Die Kinder lernen ihre Gefühle im Gebet auszusprechen.
Die Kinder lernen mit ihren Gefühlen umzugehen.

Sozialkompetenz:

Die Kinder trösten und ermutigen einander.
Die Kinder sprechen miteinander über den Tod.
Die Kinder entwickeln gemeinsam ein Ritual des Abschiednehmens.

Sachkompetenz:

Die Kinder können zwischen einer schweren Erkrankung und dem Tod einen Zusammenhang herstellen.

Religionspädagogische Tipps

Folgendes ist für die Trauerbewältigung hilfreich:
- Die Realität des Todes nicht leugnen (wie: Opa ist eingeschlafen. Er ist auf eine lange Reise gegangen; sondern: Opa war so krank, dass er sterben musste). Wichtig ist auch die Ursache zu benennen, um den Kindern mögliche Schuldgefühle zu nehmen.

- Zeit zum Traurigsein geben. Vorschulkinder sprechen nicht so sehr darüber, sondern spielen, zeichnen oder drücken es durch körperliche Reaktionen aus.
- Rituale des Abschieds pflegen: Zum Begräbnis kann ein Kind mitgenommen werden, wenn es selber will und ein bekannter Erwachsener, der selbst nicht allzu sehr betroffen ist, mitgeht. Er sollte auch Fragen des Kindes beantworten und dem Kind eine gewisse Sicherheit und Geborgenheit geben. Das Kind sollte sich beteiligen können, z.B. Blumen, Zeichnung oder Kerze mitnehmen.
- Eine positive Erinnerung kann gepflegt werden, um den Toten nicht zu vergessen.
- Wer vor Leid und Tod die Augen nicht verschließt, könnte Wege aufzeigen und finden, um sich positiv für andere einzusetzen.
- Es gibt letztlich keine Pauschallösungen. Kinder trauern je auf ihre Weise und in unterschiedlichen Phasen.

Teamarbeit

Wie können die Pädagoginnen einander Halt geben und sich Hilfe von kompetenter Stelle besorgen? Wie können sie sich Fachkompetenz bezüglich Trauerarbeit und Glaubensritualen aneignen?

Elternarbeit

Bei einem Todesfall im Kindergarten ist es sehr wichtig, einen Elternabend anzubieten. Folgende Punkte könnten besprochen werden:

- Information über den Todesfall
- Information über die Haltung der Kindergartenpädagoginnen zur Trauerbegleitung
- Gemeinsames Besprechen des weiteren Vorgehens
- Fragen der Eltern
- Angebot von Büchern zu diesem Thema

Transaktionale Prozesse

Objektivieren:	Die Kinder werden mit der Tatsache des Todes eines Kindes ihrer Gruppe und der Todesursache konfrontiert.
Subjektivieren:	Die Kinder drücken ihre unterschiedlichen Gefühle der Trauer aus.
Aneignen:	Die Kinder sprechen einander Trost und Mut zu.
Vergegenständlichen:	Die Kinder beten für Lisa und zünden eine Kerze an.

Todesvorstellungen der Kinder im Vorschulalter

Für Kinder im Alter von drei bis sechs Jahren bedeutet der Tod Abwesenheit, Bewegungslosigkeit und hat noch keine endgültige Bedeutung. Totsein ist gleichsam ein reduziertes Leben, ein schlafähnlicher Zustand. Das Sterben wird mit Alter verbunden. Da die Kinder noch alles auf sich beziehen, können sich Schuldgefühle entwickeln. Sie können auch anderen Menschen den Tod wünschen, wobei sie meinen, dass der andere weg sein soll. Fragen zum Tod können oft vorkommen und wiederholt werden, um sich über den Todesfall zu informieren, eine biologische Antwort zu bekommen oder persönliche Betroffenheit zu äußern.

Zum Weiterlesen

Diakonisches Werk der Evangelischen Kirche in Deutschland (Hg.): Wie Kinder trauern. Kinder in ihrer Trauer begleiten, Stuttgart 2003
Herbert Haag: Ijobs Fragen an Gott, Verlag Katholisches Bibelwerk, Stuttgart 1972
Gertrud Ennulat: Kind und Tod, in: Welt des Kindes spezial, 1/2004
Werner Burgheim: Mit Kindern sterben lernen, IGSL-Hospiz-Verlag, Bingen 1999
Regine Schindler: Tränen, die nach innen fließen, Verlag Kaufmann, Lahr 1993

Kinderbücher

Wenche Oyen/Marit Kaldhol: Abschied von Rune, Verlag Ellermann, München 1990
Pierre Markus Heinrichsdorf: Honiggelb und Steingrau. Eine Geschichte vom Sterben und Abschiednehmen, Verlag Gerstenberg, Hildesheim 1995
Max Velthuijs: „Was ist das?", fragt der Frosch, Verlag Sauerländer, Düsseldorf 1992
Regine Schindler: Pele und das neue Leben. Eine Geschichte von Tod und Leben, Verlag Kaufmann, Lahr 1986
Inger Hermann/Carmen Sole-Vendrell: Du wirst immer bei uns sein, Verlag Patmos, Düsseldorf 1999

Miteinander reden

Talkshows finden sich auf fast allen Fernsehsendern. Sie erwecken den Eindruck, dass das Gespräch – oder ist es nicht eher ein Gerede – über alles Mögliche heute sehr wichtig ist. Dazu kommt noch die Fülle an Informationen und Nachrichten, welche den Menschen über Fernsehen, Internet ... vermittelt wird. Über alles und jedes, möglichst viel und schnell ist die Devise.

Demgegenüber scheint das Gespräch in den Familien abhanden zu kommen. Ein Viertel der Kinder von dreieinhalb bis vier Jahren bleibt nach Manfred Heinemann, dem ehemaligen Direktor der Klinik für Kommunikationsstörungen an der Universität Mainz, in der Sprachentwicklung zurück. Miteinandersprechen, Erzählen und Zuhören brauchen Zeit und Atmosphäre, die neben der Arbeitsbelastung berufstätiger Eltern, dem Fernsehen und anderen Medien in den Hintergrund treten.

Auch eine entsprechende Gesprächskultur, die einen wichtigen Teil der Sozialkompetenz darstellt, ist damit gefordert. Sie ist gekennzeichnet durch ein Klima von gegenseitiger Wertschätzung und Vertrauen, durch ein aktives Zuhören und Fragenstellen. Weiters begegnet man dem Gegenüber mit einer positiven Grundeinstellung, dass er/sie es gut meint, und mit einer Kritik, die die Sache anspricht und die Person nicht verletzt.

Je mehr das Kind die Fähigkeit erlangt, Dinge und Vorgänge zu benennen, seine Gefühle, Erlebnisse und Erfahrungen sprachlich auszudrücken und anderen mitzuteilen, wächst es in die Welt hinein. Es eignet sich die Welt an und integriert sie auf kreative Weise. Dabei ist Sprechen, Erzählen nicht nur eine Weitergabe von Informationen oder Wissensinhalten, sondern vielmehr schwingt im Erzählen der Erzähler selbst, sein Verständnis von Weltwirklichkeit mit. Somit spielt auch die Kindergartenpädagogin und ihre Weltsicht im Fragen und Antworten, im alltäglichen Gespräch eine wesentliche Rolle. Das Kind nimmt an dieser Überzeugung der Kindergartenpädagogin über die Welt und ihre transzendenten Hintergründe teil und wird angestoßen, sich selbst weiterzuentwickeln.

Der Morgenkreis aus der Montessori-Pädagogik, andere Formen des „Miteinandersprechens" nach einem großen Erlebnis oder gegen Ende des Vormittags im Sinne einer Abschlussrunde sowie das Gespräch mit dem einzelnen Kind sind ritualisierte und wiederkehrende Fixpunkte im Tagesablauf, bei denen die Kinder in vertrauensvoller und offener Atmosphäre einander begegnen und sich austauschen.

Religionspädagogischer Hintergrund

Religiöse Dimension

Kinder fragen, sind neugierig, wollen experimentieren und versuchen so die Wirklichkeit der Welt zu erforschen und zu hinterfragen. Darin drückt sich in tieferem Sinn die Offenheit für die ganze Wirklichkeit aus. Es ist ein konkretes Fragen nach dem Sinnzusammenhang, nach dem Woher und Wohin, ein Immer-wieder-Fragen, das Orientierung, Sicherheit im Leben des Kindes bieten soll, ein Fragen, das seine Antwort in verschiedenen Religionen finden kann. Weiters wird im gemeinsamen Gespräch, in dem Verstehen, Mitgefühl, Freude, Angst zur Sprache gebracht werden, implizit die Religiosität des Kindes sichtbar.

Selbstverständlich hat auch das ausdrückliche Sprechen über religiöse Dinge wie Kreuz, Kirche und über religiöse Formen, Rituale, Feste seinen Platz und darf nicht verloren gehen. Die Umwelt und der Jahreskreis, die weitgehend christlich geprägt sind, sind sehr wohl Impulse für die Planung und das Gespräch mit den Kindern. Die Sprachfähigkeit auch in Bezug auf religiöse Begriffe ist für die Entwicklung des Kindes von Bedeutung, um sich auch im religiösen Bereich äußern zu können.

Christliche Dimension

Wo der Freude, Hoffnung, Trauer, dem Leben in seiner ganzen Breite und Tiefe Worte gegeben werden, wird nach christlichem Glauben Gott selbst zur Sprache gebracht, da er sich selbst in das Menschsein begeben hat. Im Austausch menschlicher Erfahrungen, im Dialog selbst wird sichtbar, dass Christ-Sein als gemeinschaftsbezogene Religion der Kommunikation bedarf und sich darin christliches Glauben ausdrückt. In diesem Miteinander braucht es „Bergeformen", wie den ritualisierten Morgenkreis, in denen die Kinder sich öffnen, einander vertrauensvoll begegnen und miteinander sprechen. Die Reflexion des Erlebten – wenn ich sage, was mich heute gefreut hat, was mich verletzt hat usw. – führt zum Innehalten und zur Vertiefung des Lebens und ist somit ein wichtiger Ansatz christlicher Spiritualität.

Das ausdrückliche Reden vor und mit Gott, also das Gebet im Kindergarten ist eine schwierige pädagogische Aufgabe. Wenn die Kinder im Gebet (geformt oder frei formuliert) ihr Leben vor Gott zum Ausdruck bringen sollen, ihre Erlebnisse, ihre Gefühle, ihre Freuden und ihre Trauer, ihr Staunen, ihre Bitten, müssen die Kinder schon eine Beziehung zu Gott aufgebaut haben. Ob dies durch die Eltern geschehen ist, ist durch die Kindergartenpädagogin vorher abzuklären.

Nicht so sehr die äußere Form der Gebetshaltung ist wichtig, sondern das Innehalten, die ritualisierte Form der Aufmerksamkeit, in welcher Form auch immer (Gong ...), und die sprachliche Form der Anrede, die zum Gebet führen können. Anhand bestimmter Erfahrungen im Tagesablauf oder aufgrund des Gesprächs im Sesselkreis können die Kinder angeregt werden selber Gebete zu formulieren beziehungsweise die Kindergartenpädagogin hilft mit einfachen Liedkehrversen.

Bildungssituation

Die folgenden Beispiele berichten aus einem zweigruppigen Gemeindekindergarten in der Nähe von Linz. Der Kindergartenpädagogin ist es ein besonderes Anliegen, mit den Kindern im Gespräch zu sein, sensibel dafür zu sein, was Kinder beschäftigt und bewegt, und sie zu ermuntern dies auszudrücken.
Aktuelle Themen der Kinder, ihre täglichen Anliegen und Probleme werden aufgegriffen, gemeinsame Vorhaben miteinander besprochen und geplant. Dadurch ist es möglich, spontan auf die Fragen der Kinder zu reagieren und deren Wünsche und Ideen mit einzubeziehen. Das Einzelgespräch ist dabei genauso bedeutsam wie das Zusammenfinden in der großen Gesprächsrunde.

Ich habe erkannt, dass nicht nur das vorbereitende, sondern auch das reflektierende Gespräch in der Kindergruppe notwendig ist. Dabei gebe ich dem natürlichen Mitteilungsbedürfnis der Kinder Raum und gleichzeitig kann Erlebtes verarbeitet werden. Wir tauschen regelmäßig unsere Wochenend- und Ferienerlebnisse aus, verarbeiten aber auch Alltagssituationen im Gespräch. Was bei diesem Miteinanderreden spürbar

wird, hat für mich die Wichtigkeit bestätigt: Gefühle wie Freude, Heiterkeit, Angst, Verunsicherung oder Traurigkeit kommen zum Ausdruck, das Kind fühlt sich ernst genommen und darüber hinaus kann wertvoller Gemeinschaftssinn entstehen.

Ein „neues" Kind kommt in die Gruppe. Schon im Vorfeld wissen einige Kinder zu berichten: „Du, die zwickt und beißt und überhaupt ..." Ein intensives Gespräch entsteht über Vorurteile, die die Kinder als solche noch nicht kennen, aber doch zum Ausdruck bringen. Wie wird sich die Gruppe verhalten, wenn das Angekündigte doch zutrifft?

Nach den Sommerferien waren Fragen meinerseits nicht notwendig, denn das Erlebte war noch besonders präsent – Hochwasser im ganzen Ort und die Kinder von den Eindrücken überwältigt. Daher stand das Erzählen und Sprechen über das Erlebte, über Ängste im Vordergrund. Meine Frage an die Kinder: „Was hat euch beim Laternenfest besonders gefallen?" Die Laternen, die Feier in der Kirche, das Hinausziehen in die Dunkelheit ...

Doch Christoph hat auch die Erwachsenen beobachtet: „Du, ich glaub', denen hat's auch gefallen, die sahen so glücklich aus!"

Folgende Kompetenzen werden gefördert

Selbstkompetenz:

Die Kinder werden selbstsicher in der Gesprächsrunde und erleben: „Alle hören zu, was ich zu sagen habe."
Die Kinder entfalten ihren Selbstwert.
Die Kinder werden sensibel für die Mitteilung der anderen.
Sie werden fähig, die eigenen Gefühle und Erlebtes auszudrücken und anderen mitzuteilen.
Die Sensibilität für das Mitteilungsbedürfnis und das Ausdrücken von Gefühlen können sich entwickeln.

Die Individualität des einzelnen Kindes wird beim Sprechen vor der Gruppe hervorgehoben.
Die Kinder lernen sich auf das Zuhören zu konzentrieren.

Sozialkompetenz:

Die Kinder werden in ihrer Kommunikationsfähigkeit gefördert.
Die Kinder lernen eine Gesprächskultur, in der auch Regeln nötig sind.
Die Kinder nehmen aufeinander Rücksicht und Anteil am Erlebten anderer Kinder.
Die Kinder bringen eigene Ideen in die Gesprächsrunde ein.

Sachkompetenz:

Die Kinder lernen Gesprächsregeln und ihre Notwendigkeit kennen.
Die Kinder setzen sich mit Themen und Inhalten auseinander, die sie beschäftigen und interessieren.
Die Ausdrucksfähigkeit und der Wortschatz werden erweitert.

Transaktionale Prozesse

Objektivieren: Die Kinder halten Gesprächsregeln ein.
Subjektivieren: Die Kinder bringen eigene Gesprächsinhalte ein und lernen ihre Gefühle und Bedürfnisse zu äußern.
Aneignen: Die Kinder kennen Gesprächsregeln und wenden diese an.
Vergegenständlichen: Die Kinder suchen selbst Möglichkeiten für Gespräche untereinander.

Religionspädagogische Tipps

- Die Kinder sollen fähig werden, ihre Gefühle und Erlebnisse, ihre Freude und Trauer vor Gott auszudrücken. Sie erzählen von sich, von ihrem Leben.
- Das freie Gebet soll aus dem Kindergartenalltag erwachsen und vorerst von der Kindergartenpädagogin formuliert werden.
- Dem Kind kann bewusst werden: Gott hat mit meinem Leben zu tun.
- Ritualisierte Klangzeichen vor einem gemeinsamen Gebet können eine gute Unterstützung sein.

Fragen zur Reflexion

- Konnte der Individualität und den Bedürfnissen der Kinder genügend Beachtung geschenkt werden?
- Wie wirkt sich die intensive Kommunikation untereinander auf das Zusammenleben in der Gruppe aus?
- Bietet die entwickelte Gesprächskultur Möglichkeiten für weitere pädagogische Ansätze?
- Inwiefern sind die Kindergartenpädagoginnen selbst Vorbild in der Gesprächskultur?

Religionspädagogischer Exkurs: **Theologisieren mit Kindern**

Philosophieren mit Kindern ist heute ein großer pädagogischer Trend. Ausgehend vom Amerika der 1970er Jahre kam es in Deutschland in den 1980er Jahren zu verstärkten Bemühungen, Kinder als Subjekte philosophischen Nachdenkens zu verstehen. In Hamburg und Berlin wurden philosophische Schulen gegründet, ja sogar Philosophie als Schulfach eingeführt.

In der evangelischen und später katholischen Religionspädagogik kam es zu einem Perspektivenwechsel in der Sicht des Kindes. Kinder wurden zunehmend als eigenständige Subjekte ihrer Wirklichkeit wahrgenommen und es wurde damit die Möglichkeit eröffnet, Kinder nicht nur als „kleine Philosophen" zu sehen, wie die Schweizerin Eva Zoller ihr Buch benannte, sondern auch als kleine Theologen, die sich eigenständig ihre Gedanken über Gott und die Welt machen. Denn Kinder hinterfragen sehr wohl auch ihre eigene Identität, fragen nach den Problemen des Zusammenlebens, nach der Zukunft, nach Krankheit, Leid, Tod, nach Gott.

In Österreich ist durch das Buch „Bildungsqualität im Kindergarten" das Kind als Konstrukteur seiner eigenen Wirklichkeit hervorgehoben worden. Die Kindergartenpädagogik hat auf diesem grundlegenden Bild vom Kind aufgebaut. In der Neuauflage dieses grundlegenden Werkes wird auch bei der Selbstkompetenz die Fähigkeit des Kindes angeführt zu transzendieren, über philosophische und religiöse Fragen nachzudenken. So treffen sich die religionspädagogischen Ansätze der evangelischen und katholischen Religionspädagogik und die Kindergartenpädagogik des Charlotte-Bühler-Institutes in der veränderten Sichtweise des Kindes als Subjekt und aktiver Konstrukteur seiner eigenen Wirklichkeit.

Philosophieren und Theologisieren mit Kindern werden oft in einem Atemzug genannt. Neben gemeinsamen Sachthemen (Natur, Tod, Freiheit) gibt es sehr wohl Unterschiede, die in der Forschung derzeit erarbeitet werden: Gott, Schöpfung, Erlösung, Zukunft und andere. Im Unterschied zur Philosophie, die kritisch immer wieder nachfragt und vom Konkreten zum Allgemeinen führt – Was ist zum Beispiel (meine) Familie? –, geht es im Glauben, in der Religion wesentlich um Beziehungsfragen: Auf wen ist Verlass? Gibt es eine letzte verlässliche Instanz? Denn verlässliche Beziehungen lassen ein Grundvertrauen ins Leben entstehen, verstärken es. Nicht die allgemeine Frage „Wie stellst du dir Gott vor?", sondern „Wie ist denn dieser Gott zu dir, zu uns?" ist von Bedeutung. Wie das Beispiel der jesuanischen Kindersegnung zeigt, geht es um sinnenhafte, konkrete Beziehung (Jesus belehrt die Kinder nicht, sondern umarmt sie und segnet sie), um eine konkrete Lebenserfahrung, die dann befragbar, theologisch gedeutet, ausgelegt werden kann. Daher ist Theologisieren mit Kindern nicht von der Pädagogin als Thema machbar, sondern erst in konkreten sinnlichen Lebenserfahrungen lassen sich Beziehungsfragen aufzeigen, lässt sich mit den Kindern gemeinsam ohne fertige, vorschnelle Antworten über Lösungen elementar nachdenken, etwa am Beispiel des Todes des Lieblingstieres. Kinder fragen nicht so sehr allgemein „Was ist der Tod?", sondern konkret und in Beziehung: „Hat Gott mein Tier auch lieb? Ist es jetzt bei Gott? Geht es ihm gut?" Die Auseinandersetzung mit Gott ergibt sich in konkreten Lebenssituationen durch Nachfragen wie: Was soll man jetzt dazu sagen? Indem die Pädagogin aufmerksam für solche Situationen den Kindern Raum und Zeit gewährt, sich eigene Gedanken zu machen und weiter zu bedenken, kann es zum Theologisieren kommen. Nicht das Verweilen im Gefühl, nicht das Vokabel Gott, sondern das offene Nachfragen, Fragen, Bedenken führen weiter.

Die Pädagogin versteht sich als Gesprächspartnerin der Kinder, die bereit ist, sich selber in ungelöste Fragen der Menschen hineinzubegeben, sich auf die Gedanken und Fragen der Kinder einzulassen, und versucht, sie aus ihrem kindlichen Weltbild heraus zu verstehen.

Das Theologisieren verlangt von der Pädagogin Grundkenntnisse theologischer Fragestellungen und die Fähigkeit, Religion zur Sprache zu bringen. Bei allem Bemühen der Pädagogin sind bestimmte Rahmenbedingungen nötig, wie die Möglichkeit in Kleingruppen oder sogar individuell zu arbeiten; eine anregende Umgebung durch Sinneserfahrungen in der Natur, Problemgeschichten in Bilderbüchern. Fragen nachgehen, hinterfragen, vergleichen, Unterschiede erkennen, elementare Lebensfragen mit konkreten Lebenssituationen – all das bedarf der entsprechenden Zeit. Dies kann nicht stark genug betont werden. Daher lautet auch eine religionspädagogische Maxime: den Alltag unterbrechen. Nur dann öffnet sich das Fenster zum Transzendenten.

Die Didaktik des Theologisierens ist zuerst gekennzeichnet durch eine ehrliche Dialogbereitschaft, die ein einfaches Frage-Antwort-Spiel verneint, die fertige Antworten nicht schon im Hinterkopf festgelegt hat. Die Pädagogin versucht sich selber zurückzunehmen, konkrete Beispiele einzubringen, durch Nachfragen die Gedanken der Kinder festzuhalten und zu vervollständigen bzw. Meinungen anderer Kinder einzubringen. Dies kann durch Fragen (wie: Wie hast du dies gemeint?), Aufforderungen (z.B.: Erkläre mir das genauer!) oder eine Gegenfrage geschehen. Impulse durch Geschichten, die gedanklich weitergesponnen oder bildnerisch gestaltet werden, ermöglichen weiterführende Gespräche.

Es ist nicht einfach, sich auf diesen neuen religionspädagogischen Ansatz des Theologisierens einzulassen; der Gewinn für die Kinder rechtfertigt jedoch sicher unser wiederholtes Bemühen.

Die Kinder lernen in unserer schnelllebigen und hektischen Zeit innezuhalten, kritisch nachzufragen, neue Wege/Lösungen zu finden, tolerant miteinander umzugehen. Die Förderung kindlichen Wahrnehmens und Staunens führt die Kinder zur Achtung des eigenen und fremden Lebens; sie gehen achtsam und einfühlsam miteinander um, weil sie fähig werden, konkrete Lebenssituationen anderer Kinder zu bedenken. Kritisches Hinterfragen stärkt die Kinder gegenüber Manipulationen. Theologisieren ermutigt die Kinder, einen eigenen Zugang zu elementaren Lebens- und damit Glaubensfragen zu finden, zu durchdenken und zur Sprache zu bringen.

Kinder fragen und fragen, um sich in ihrer/unserer Welt zurechtzufinden. Fragen, Nachfragen, ein Miteinandersuchen in Gang bringen, das Bedenken von Beziehungen in bestimmten Lebenssituationen ermöglichen den Kindern ein Grundvertrauen in Gott und die Welt, Sinn und Halt in verlässlichen Beziehungen, Orientierung und Sicherheit im Chaos und Alltag der Welt.

Zum Weiterlesen

Else Doroskar: Philosophieren mit Kindern, in: Unsere Kinder 6/2001

Elisabeth Schwarz: Philosophieren und Theologisieren mit Kindern, in: Bucher u.a., Im Himmelreich ist keiner sauer, Jahrbuch der Kindertheologie, Band 2, Verlag Calwer, Stuttgart 2003

Gerhard Büttner/Hartmut Rupp (Hg.): Theologisieren mit Kindern, Verlag Kohlhammer, Stuttgart 2001

Sabine Waldmann/Tanja Jeschke: Ich sehe, was du nicht siehst. Mario fragt nach Gott, Verlag Pattloch, München 2001

Franz Hübner/Brigitte Smith: Der liebe Gott wohnt bei uns im Kindergarten, Betz Verlag, München 1992

Mechthild Theiss: Mit Kindern über Gott reden, Verlag Kaufmann, Lahr 1998

Regine Schindler/Ursula Verburg: Benjamin sucht den lieben Gott, Kaufmann Verlag, Lahr 2000

Johann K. Wittmann: Gott ist hinten, vorne ist die Sonne, das Gras, die Steine, Verlag Pro Juventute, Zürich 1996

Wir reichen uns die Hände

Für etwa 90 Prozent der Erwachsenen in Deutschland sind gemeinsame Mahlzeiten für das Familienleben wichtig. Geht die Realität mit dieser Wunschvorstellung konform? Wenn Eltern und Kinder zu verschiedenen Zeiten nach Hause kommen, bleiben oft nur mehr Fastfood und Schnellimbiss. Man isst, um satt zu werden.

Die Symbolkraft des gemeinsamen Essens geht verloren, wenn die aufgewärmte Nahrung aus der Mikrowelle rasch gegessen wird, wenn niemand da ist zum Gespräch. Essen und Trinken hält Leib und Seele zusammen, heißt es im Volksmund. Zwischen Essen und Glücklichsein gibt es einen engen Zusammenhang, Essen verbindet, schafft Gemeinschaft. Manche Gemeinschaften, Familien und Paare entwickeln eigene Rituale gemeinsamen Essens und ihre Art und Weise wird zum Kennzeichen ihrer Gemeinschaft. Mit anderen zu essen und zu trinken bringt symbolisch Lebensbejahung, sinnliche Lust am Leben zum Ausdruck. Umgekehrt birgt Verweigerung des Essens Ablehnung der Gemeinschaft, der eigenen Person und des Lebens in sich.

Die Freude am gemeinsamen Essen kann freilich auch getrübt werden durch strenge Essens- und Etiketteregeln, die autoritär auferlegt werden. Im Kindergarten geht man heute zu sehr unterschiedlichen Formen der gemeinsamen Jause über: Manche haben nur mehr eine gleitende Jausenzeit, manche gestalten eine gemeinsame Jause pro Woche, manche öffnen die Gruppe zu einer gemeinsamen Jause mit einer anderen Gruppe.

Für viele Kindergärten, die auch am Nachmittag geöffnet haben, stellt sich auch die Herausforderung der Gestaltung des gemeinsamen Mittagessens.

Allgemein spielen die Fragen der Tischkultur, der räumlichen Bedingungen, der kultur- und religionsbedingten Gegebenheiten, der ernährungswissenschaftlichen Fundierung eine wichtige Rolle.

Wesentlich ist es auch, die Mitgestaltung der Kinder zu berücksichtigen, z.B. Kinder decken den Tisch, legen Servietten auf, suchen sich aus, mit welchem Kind sie an einem Tisch sitzen wollen.

Das Tischgebet als die religiöse Form, Gott für die Speisen zu danken oder durch ein Lied Gott zu loben, findet in vielen Kindergärten einen selbstverständlichen Platz als Ritual vor der Jause. Für nicht wenige Kindergartenpädagoginnen stellen sich jedoch einige Probleme: Vielen Kindern ist ein Tischgebet unbekannt und sie verstehen das Tischgebet eher als Beginnritual des Essens. Andere wieder schaffen es sehr schwer, aus der intensiven Beschäftigung oder der allgemeinen Unruhe durch das Vorbereiten der Jause zur Ruhe zu kommen. Gleitende Jausenzeit verhindert ein gemeinsames Tischgebet. Und zuletzt gibt es Eltern, die sich als nicht religiös bezeichnen und ein Mitbeten ihres Kindes verbieten.

Religionspädagogischer Hintergrund

Religiöse Dimension

Zwei Grundvollzüge kennzeichnen religiöse Gemeinschaften in ihren Mahlritualen: einerseits die Dankbarkeit und Freude, die sich im Lob des Lebensschöpfers äußern, der letztlich die Gaben spendet. Die zweite Bedeutung findet das Mahlhalten in der Festigung der religiösen Gemeinschaft. Vom einfachen Tischgebet bis hin zur festlichen Mahlfeier bei wichtigen Lebenssituationen, wie Geburt, Hochzeit und Tod, reichen die Formen, durch die Menschen ihre religiöse Haltung gegenüber dem Transzendenten ausdrücken, das Leben schenkt. In manchen Religionen gibt es zudem strenge Weisungen zum Essen und Trinken. Bestimmte Nahrungsmittel sind verboten und bestimmte Zubereitungsarten sind vorgeschrieben. Darin drückt sich auch aus, dass Essen nicht nur verbindet, sondern auch ausgrenzen, trennen kann.

Christliche Dimension

Für Christen ist Jesus von Nazaret das Vorbild. Er schließt weder Menschen – gleichgültig ob Kranke, Sünder, Bettler, Prostituierte oder Reiche – vom gemeinsamen Essen aus, noch gibt es verbotene Speisen und Ritualvorschriften. Er hält nichts von diesen Tabus. Sein religiöses Leitbild vom Reich Gottes, das sich hier und jetzt im konkreten Tun des gemeinsamen Essens realisiert, verträgt sich nicht mit Ausgrenzung oder strengen Tischgeboten. Seinen Freunden und Freundinnen trägt er sogar auf, das gemeinsame Mahl (Eucharistie) zur Erinnerung an sein Tun zu feiern. All dies ist aber nur verständlich auf dem Hintergrund des unbedingten Glaubens an einen Gott, der ein Liebhaber des Lebens ist und dessen Wille es ist, dass wir die Fülle des Lebens haben. Im gemeinsamen Essen und Trinken feiert die Gemeinschaft das Leben. Jedes Mahl lebt aber auch von der Haltung des Teilens. Menschen teilen ihre Nahrung und drücken damit aus: Ich will, dass du lebst. So teilt nach christlichem Verständnis Jesus Christus sich selbst im Mahl mit.

Was bedeutet dies für eine christliche Sicht gemeinsamen Essens? Auf keinen Fall dürfen Kinder ausgeschlossen werden, weder von den Kindern selbst noch von den Pädagoginnen. Jedes Kind ist eingeladen. Lust und Freude miteinander zu essen steht im Vordergrund.

Bildungssituation: „Wir reichen uns die Hände!"

Der folgende Bericht schildert eine Situation aus einem zweigruppigen Pfarrcaritas-Kindergarten. Das Team hat im letzten Jahr beschlossen eine gruppenübergreifende, gleitende Jause anzubieten. Diese wird von den Kindern im „Spielzimmer" eingenommen. Kinder von beiden Gruppen können im Zeitrahmen von eineinhalb Stunden dort die Jause einnehmen. Gemeinsam mit den Kindern wurde der Ablauf besprochen, Ideen der Kinder wurden aufgegriffen und Regeln vereinbart. Im Laufe der Zeit haben sich auch verschiedene wiederkehrende Rituale entwickelt.

Dieser erste Schritt des gruppenübergreifenden Arbeitens wird in unserem Team weiterentwickelt.

Durch die Begegnungsmöglichkeit bei der Jause konnten wir beobachten, dass sich Freundschaften zwischen den Kindern der beiden Gruppen, aber auch von einzelnen Kindern entwickelt haben. Einige Kinder sitzen besonders gern zusammen, teilen ihre Jause, unterhalten sich oder helfen einander beim Tee-Einschenken.

Einmal in der Woche gibt es eine gemeinsame Gruppenjause. Dieses Essen beginnen wir immer miteinander und wir stimmen zuvor ab, ob die Kinder singen, ein Gebet oder Gedicht sprechen möchten. Sehr oft fällt die Wahl auf ein Gebet oder das Lied „Danke für diese gute Jause". Manchmal formulieren die Kinder selbst Gedanken. Vor kurzem war ich für die gruppenübergreifende Jause zuständig und kam etwas später in den Raum. Christina, Florian und Alexander saßen bereits beim gedeckten Tisch und aßen. Als mich Christina sah, meinte sie: „Jetzt haben wir uns schon allein die Hände gereicht und den Spruch gesagt!" Darauf meinte ich: „Na, ihr seid ja schon so tüchtig, da braucht ihr mich ja gar nicht mehr!"

Folgende Kompetenzen werden gefördert

Selbstkompetenz:

Die Kinder äußern ihre eigenen Wünsche und gestalten den Ablauf der Jause mit.
Die Kinder freuen sich über die Gaben der Natur und danken dafür.
Die Kinder lernen eigenständig Rituale anzuwenden und weiterzuentwickeln.
Die Kinder werden durch Lob in ihrem Selbstwert gestärkt.

Sozialkompetenz:

Die Kinder erfahren Freude am gemeinsamen Essen.
Die Kinder werden in ihrem Gemeinschaftsgefühl gestärkt.
Die Kinder lernen einander kennen und erfahren eine größere Gemeinschaft.

Sachkompetenz:

Die Kinder lernen Entscheidungen (Zeitpunkt) selbst zu treffen.
Die Kinder eignen sich Alltagskompetenzen an, z.B. Tisch decken, Jausenritual.
Die Kinder lernen eine entsprechende Tischkultur.

Eltern- und Öffentlichkeitsarbeit

Die Eltern werden darüber informiert, dass im Kindergarten gebetet wird. Wenn Eltern dies ausdrücklich nicht wünschen, ist darauf Rücksicht zu nehmen. Auch im religiösen Bereich kann in Kleingruppen gearbeitet werden.

Fragen zur Reflexion

- Wie reagieren die Kinder auf verschiedene Formen (z.B. gemeinsame, gleitende Jause)?
- Was ist den Kindern dabei wichtig?
- Werden die vereinbarten Regeln eingehalten?
- Entwickeln die Kinder eigene Ideen und setzen sie diese selbstständig um?
- Wird Wert auf eine entsprechende Tischkultur gelegt?
- Ist eine entsprechende Ausstattung (Teller, Gläser, Servietten, Blumen) vorhanden?
- Haben die Kinder die nötige Zeit und wird auf die individuellen Essgewohnheiten der Kinder Rücksicht genommen?
- Geht es hektisch oder ruhig zu?
- Welche Rolle nimmt die Kindergartenpädagogin ein?

Teamarbeit

Der Ablauf der offenen Jause und die Tischregeln werden im Team abgesprochen. Die Aufgaben der einzelnen Mitarbeiterinnen werden festgelegt. In den Dienstbesprechungen erfolgt ein regelmäßiger Austausch.

Transaktionale Prozesse

Objektivieren: Die Kinder passen sich vorgegebenen Regeln an, z.B. Reihenfolge beim Tischdecken.
Subjektivieren: Der Wunsch eines Kindes nach dem bekannten Jausenritual löst den selbstständigen Beginn der Jause aus.
Aneignen: Die Kinder führen das gemeinsam entwickelte Ritual selbstständig aus.
Vergegenständlichen: Die Kinder sprechen manchmal eigene Gedanken als Jausengebet.

Religionspädagogische Tipps

- Die Kindergartenpädagogin sollte sich ihrer eigenen Haltung zum Tischgebet vergewissern. Warum ist es mir ein Anliegen selbst bzw. mit den Kindern zu beten?
- Wie kann ich als Kindergartenpädagogin hervorheben, dass es sich um eine Einladung zum Tischgebet handelt?
- Wie kann ich Impulse für die Kinder geben, dass sie selbst – wie in dem Beispiel – die anderen Kinder einladen?
- Vor jedem Beten im Kindergarten muss die Kindergartenpädagogin um die religiöse Praxis der Kinder wissen.
- Die Hinführung zum Sprechen mit Gott beginnt damit, dass die Kinder von Gott gehört bzw. selber von ihm erzählt haben.
- Am Anfang eines Gebetes steht eine Anrede Gottes, wobei nicht immer mit „Lieber" begonnen werden soll.
- Gebetserziehung besteht nicht im Erlernen von vielen Gebeten oder in festgelegten Gebetshaltungen.
- Zum Gebet müssen nicht alle Kinder zusammenkommen; es soll kein Zwang ausgeübt werden.

Zum Weiterlesen
Pia Biehl/Anne Westerduin: Lieber Gott, ich muss dir mal was sagen,
  Verlag Katholisches Bibelwerk, Stuttgart 2002
Regine Schindler: Gott, ich kann mit dir reden, Verlag Patmos, Düsseldorf 1988
Regine Schindler: Gute Nacht, Anna, Verlag Kaufmann, Lahr 1990

Wir bauen eine Kirche

Christliche Bauwerke – Kirchen, Kapellen, Marterl, Friedhöfe, Kreuze, Pestsäulen – prägen bis heute Europa. Wer mit offenen Augen durch seine Heimat geht oder europäische Länder besucht, kommt an christlichen „Markierungen" nicht vorbei. Das christliche Abendland hat seine Spuren hinterlassen.

Trotz Säkularisierung sind christliche Feste und Zeiten, Orte und Zeichen weiterhin Orientierungspunkte in der heutigen nachchristlichen Gesellschaft. Auch die liberale, kapitalistische Wirtschaft verwendet noch immer christliches Gedankengut für ihre Produktion und Werbung.

Viele Kindergärten sind in der Nähe von Kirchen gebaut. Das Kreuz als Zeichen der Christen befindet sich in den Räumen der Kindergärten. Besonders intensiv wirkt sich der Jahresfestkreis aus, der großteils mit christlichem Inhalt verbunden ist. Ein Martinsfest wird häufig in der jeweiligen Kirche gestaltet. Krippen, die in der Kirche aufgestellt sind, werden nach Weihnachten besucht. Der Nikolaus, als Bischof gekleidet, weist auf katholische Ämter und Personen hin. So ergibt sich für jeden Kindergarten die Möglichkeit, das Christentum mit seiner Kultur, seinen Bräuchen und Festen in den Kindergartenalltag hereinzuholen.

Die Kinder entdecken in der Kirche manches Spannende, für sie Erstaunliches. Anders als die meisten Erwachsenen nehmen sie den „heiligen" Raum nicht nur von außen wahr. Aufgrund ihres magischen Denkens und ihrer Vorstellungen haben sie eigene Empfindungen und individuelle Zugänge. Dabei ist selbstverständlich das Recht der Kinder auf freie Religionsausübung unter Mitbestimmung der Eltern zu beachten. Da die Kindergartenerziehung die elterliche Erziehung ergänzt, sind besonders bei diesen Aktivitäten die Eltern zu informieren.

Religionspädagogischer Hintergrund

Religiöse Dimension

Religionsgemeinschaften leben nicht im luftleeren Raum, sie gestalten ihre Umwelt, sie schaffen Häuser – ob Kirchen, Moscheen, Pagoden, Tempel –, um sich zu versammeln, um gemeinsam zu ihrem Gott zu beten, um sich vom Lärm der Welt in die Stille zurückzuziehen zum Gebet, zur Meditation, zur Einkehr. Gleichzeitig sind diese Bauwerke auch Mahnmale für die Außenwelt, nicht auf jenen zu vergessen, der gleichsam oben ist – so ragen eben Türme zum Himmel. Sie sind aber auch Demonstration der Anwesenheit einer Religionsgemeinschaft.

In allen Bundesländern bis auf Wien ist im Kindergarten eine Erziehung nach religiösen Werten gesetzlich festgelegt. Das heißt, für die Kinder ist entsprechend ihrer Religion eine religiöse Praxis zu ermöglichen und die Kinder sind dabei zu begleiten. Zu der Erziehung nach religiösen Werten gehört sicherlich eine Einführung in die jeweilige religiöse Kultur. Daher ist es zum Beispiel sehr wichtig, einen entsprechenden „Gebetsplatz", eine meditative Rückzugsmöglichkeit zu gestalten.

Christliche Dimension

Die ersten Christen haben sich vorerst in Privathäusern getroffen, um zur Eucharistie zusammenzukommen, aber bald schon haben sie Tempel anderer Religionen übernommen und umgestaltet oder neu errichtet. So sind die großartigen Kirchenbauten, die Zeitrechnung, der Jahresfestkreis, die Bräuche und vieles andere mehr typisch für unser Abendland geworden.

Da die Mehrheit der Kinder christlichen Kirchen angehört, ist es angebracht, christliche Kulturdenkmäler, Feste als Impulse für die Kindergartenarbeit einzubauen.

Bildungssituation: Kinder gestalten und bauen aus Karton die Pfarrkirche

Der Kindergarten befindet sich in unmittelbarer Nachbarschaft der Pfarrkirche. Träger des dreigruppigen Kindergartens ist die Pfarrcaritas. Die Einrichtung ist aktiv in das Pfarrleben integriert und es wird auch ein guter Kontakt zum Pfarrer gepflegt. So lädt er immer wieder einmal zu einer Führung in die Kirche ein, zeigt interessierten Kindern die sakralen Gegenstände

und Kunstschätze der barocken Kirche und erklärt deren Bedeutung. Zu bestimmten Anlässen wird in die Kirche gegangen, etwa um die Weihnachtskrippe oder die Erntekrone anzuschauen. Hin und wieder wird ein Gottesdienst mit der Pfarrgemeinde gefeiert.

In der Früh kam Stefanies Vater besorgt in den Kindergarten, um uns mitzuteilen, dass seine Tochter in der Nacht einen Fieberkrampf gehabt habe und es ihr nicht gut gehe.

Einige Kinder hörten das Gespräch und waren um Stefanie sehr besorgt. Im Morgenkreis sprachen sie auch darüber und überlegten, wie sie Stefanie helfen könnten. Plötzlich sagte Lisa: „Da müssen wir Gott um Hilfe bitten." Die anderen Kinder waren sofort damit einverstanden und wir einigten uns darauf, in der Kirche für sie zu beten.

Wir gingen in die Kirche hinüber, sangen ein Lied und sprachen ein freies Gebet. Jedes Kind konnte eine Bitte sprechen. Auch ich brachte mich ein und sagte, dass wir Menschen darauf vertrauen dürfen, dass Gott uns hilft und mit uns ist. Ich spürte, wie die Kinder mit dem Gefühl, etwas für Stefanie getan zu haben, erleichtert in den Kindergarten zurückgingen. Stefanie erholte sich leider nur langsam.

Einige Tage später gestaltete Michael aus Papier ein Gebäude. Ich konnte beobachten, dass das „Haus" trotz großer Bemühung immer wieder einstürzte. Daher fragte ich Michael, was er bauen möchte, und bot ihm meine Hilfe an. Er erzählte mir stolz, dass dies eine Kapelle werden sollte.

Ich brachte ihm Kartonblätter und erklärte ihm, dass dadurch das Gebäude besser stehen würde. Ich sagte zu ihm: „Das ist jetzt eine schöne große Kirche." Inzwischen waren andere Kinder neugierig geworden und brachten Ideen für die Ausgestaltung der Kirche ein. Michael nahm ihre Hilfe gerne an.

Die Kinder organisierten sich selbst. Eine Gruppe machte sich an die Innenausstattung (Hochaltar, Bänke, Orgel, Bilder, Blumenschmuck ...). Andere halfen beim Bau des Turms (Uhr, Glocke, Wetterhahn ...). Der gemeinsame Kirchenbau entwickelte sich zu einem Schwerpunkt im Gruppengeschehen. Ein paar Kinder gingen auch einige Male in die Kirche hinüber, um sich die Gegenstände genauer anzusehen.

Nachdem die Kirche fertig gestellt war, spielten die Kinder mit zusätzlichen Spielmaterialien (Legomännchen, Aufstellfiguren) Szenen nach, die sie beim sonntäglichen Kirchenbesuch beobachtet hatten.

Später beschäftigte die Kinder die Frage, wer das Bauwerk mit nach Hause nehmen dürfe. Nach gemeinsamen Überlegungen beschlossen die Kinder, die Kirche der noch immer kranken Stefanie zu schenken.

Folgende Kompetenzen werden gefördert

Selbstkompetenz:

Die Kinder werden auf religiöse Zeichen aufmerksam.
Die Kinder werden in ihrer Neugierde und ihrem Forscherdrang gefördert.
Sie werden in ihrer Fragehaltung gestärkt.
Die Kinder lernen unterschiedliche Ausdrucksformen von Religionen und religiösen Menschen kennen.
Die Kinder lernen ihre Freuden und Sorgen vor Gott auszudrücken.

Sozialkompetenz:

Die Kinder erforschen gemeinsam die Pfarrkirche.
Die Kinder spielen im Rollenspiel/Kleine-Welt-Spiel erlebte Situationen nach.
Sie greifen die Idee eines Kindes auf und gestalten aus Karton die Pfarrkirche nach.
Die Kooperationsbereitschaft der Kinder wird gefördert.
Sie nehmen Anteil an Stefanies Krankheit.
Die Kinder überlegen gemeinsam, was sie für Stefanie tun können.

Sachkompetenz:

Die Kinder lernen ihre Pfarrkirche besser kennen.
Sie setzen sich mit einzelnen sakralen Gegenständen auseinander.
Sie lernen die Bedeutung dieser Gegenstände kennen und können sie sachgerecht benennen.
Sie werden mit Verhaltensweisen in der Kirche vertraut.

Eltern- und Öffentlichkeitsarbeit

Die Eltern werden über Besuche in der Kirche informiert. Für jene Kinder, deren Eltern dies nicht wünschen oder die anderen Religionen angehören, wird dies in einem Gespräch abgeklärt.

Anregungen für die Praxis

- Fotos von der Kirche zeigen
- Entdeckungsreise in der Kirche: Pfarrer führt durch die Kirche, erklärt die Bedeutung der verschiedenen Gegenstände, z.B. Ambo; Orgelspieler zeigt die Orgel, spielt, Kinder singen ein Lied und werden von der Orgel begleitet; Mesner führt durch die Sakristei; Turmbesteigung
- Bestimmte Gegenstände aus der Kirche ausleihen
- Große Bibel anschauen

Fragen zur Planung

- Was möchte ich mit dem Kirchenbesuch den Kindern an Erfahrungen ermöglichen?
- Was möchten eigentlich die Kinder?
- Wo liegen die Grenzen einer Begegnung von Kindern und Kirchenraum?

Fragen zur Reflexion

- Wie gehe ich mit den Sorgen und Nöten der Kinder um?
- Ist im Alltag genügend Raum und Zeit dafür vorgesehen, aktuelle Themen und Ideen der Kinder aufzugreifen?
- Wie wichtig ist mir der Kontakt zur Pfarre?
- Welchen Stellenwert hat für mich die Hinführung zur Religion?
- Welche Möglichkeiten gibt es in der näheren Umgebung religiöse Zeichen kennen zu lernen?
- Gibt es religiöse Zeichen im Gruppenraum? Sind sie sichtbar und ansprechend gestaltet?
- Unterstütze ich die Kinder bei der Umsetzung ihrer Ideen?
- Stelle ich genügend Materialien zur Verfügung?

Religionspädagogische Tipps

Der Besuch der Kirche soll zunächst ganz an den Bedürfnissen der Kinder orientiert sein. Die Kinder sagen, was sie dort interessiert, was sie ansehen möchten, was sie schon kennen, was sie in der Kirche tun wollen, was sie fürchten.

Die Kinder können zum Beispiel Blumen vom Garten mitnehmen und an jene Plätze in der Kirche hinlegen, die sie besonders ansprechen. An diesen „blumigen" Stellen könnten die Kinder erzählen, was sie dort besonders schön finden. Zum Abschluss könnten die Blumen in einer Vase auf dem Altar ihren Platz finden. Ein gemeinsames Gebet, Lied … beendet den Besuch.

Transaktionale Prozesse

Objektivieren:	Die Kinder lernen religiös-christliche Zeichen und Bauwerke kennen.
Subjektivieren:	Sie gehen mehrmals in die Kirche und forschen genauer nach.
Aneignen:	Die Kinder greifen die Idee eines Kindes auf und gestalten gemeinsam.
Vergegenständlichen:	Die Kinder gestalten selbstständig und eigeninitiativ eine Kirche aus Papier.

Zum Weiterlesen
Unsere Kinder 6/2003
Kirchenführer der jeweiligen Pfarrkirche
Hermann-Josef Frisch: Ich bin eingeladen, Verlag Patmos, Düsseldorf 1997

Fair streiten

Konflikte sind Ausdruck von Leben und Beziehung. Sie sind im Zusammenleben der Menschen kaum vermeidbar. Sie sind etwas Alltägliches. Denn Wünsche, Vorstellungen, Ziele und Bedürfnisse von Menschen in Gemeinschaft sind nicht immer im Gleichklang, sie verursachen Grenzüberschreitungen, führen zu Konflikten und Auseinandersetzungen. Den meisten Menschen sind besonders offene Konflikte unangenehm und sie entwickeln Strategien ihnen auszuweichen. Je nach dem vorgelebten und eingelernten Rollenverhalten in der Familie werden Konflikte „musterhaft" durchgespielt.

Auch Kinder streiten und haben ihre Auseinandersetzungen. Besonders in der Kindergruppe spielen Konflikte eine große Rolle. Die Kinder müssen ihre Freunde und Freundinnen mit anderen teilen, gemeinsames Spielmaterial muss organisiert werden, eigene Interessen und Bedürfnisse müssen abgestimmt werden. Die begrenzte Zeit der Kindergartenpädagogin für Aufmerksamkeit und Zuwendung sowie kleine Gruppenräume verstärken das Konfliktpotenzial. Viele Kindergartenpädagoginnen versuchen die Konflikte oft schnell zu beenden, denn diese werden als Störung in der pädagogischen Arbeit empfunden. Konflikte werden dann von den Erzieherinnen gerne „übersehen" oder so rasch wie möglich beendet.

Fair streiten heißt aber, den Gründen für Ärger oder Streit auf die Spur zu kommen. Die Kindergartenpädagogin ist angefragt, in der Auseinandersetzung zwischen Sache und Person zu unterscheiden, nicht vorschnell Partei zu ergreifen und Gefühle zu respektieren und Fantasie zu entwickeln, um gemeinsam mögliche Lösungen zu finden. Gruppenregeln, die gemeinsam und möglichst konkret erstellt und immer wieder überprüft werden, verhelfen zu einem positiven Gruppenklima und lösen im Konfliktfall entsprechende Konsequenzen aus.

Kindergartenpädagoginnen mit einer speziellen Mediationsausbildung für Konflikte unter Kindern können wertvolle pädagogische Hilfestellung leisten. Ebenso könnte eine aktive Friedenserziehung viele Konflikte vermeiden bzw. sie rascher lösen. Toleranz ist dabei eine wichtige Haltung, welches die Bereitschaft beinhaltet, andere Überzeugungen ernst zu nehmen, andere gelten zu lassen und einen Interessenausgleich ohne Gewalt zu finden.

Religionspädagogischer Hintergrund
Religiöse Dimension

Für den religiösen Menschen folgt aus der Beziehung zu Gott ein entsprechendes ethisches Verhalten im Zusammenleben mit seinen Mitmenschen. Auch wenn das Talionsrecht (Gleiches für Gleiches oder „Wie du mir, so ich dir") oft kritisiert wird, bildet es eine erste Schranke vor aggressivem, unbegrenztem Verhalten oder Rache. Manche Eltern geben Kindern den Rat, sich zu wehren, ebenfalls das Spielzeug wegzunehmen oder zurückzuschlagen, das uralte Talionsrecht findet also Anwendung. Die goldene Regel, wie sie in der Bibel und anderen Religionen formuliert ist: „Alles, was ihr von anderen erwartet, das tut auch ihnen!", oder der vollständige Gewaltverzicht stellen dann schon hohe Anforderungen an den Menschen.

Christliche Dimension

Zur christlichen Konfliktkultur gehört wesentlich die Versöhnung mit seinen eigenen Schwächen und Fehlern, das Stehen zur eigenen Fragmentarität. Wer um seine eigene Begrenzung und um seine Angewiesenheit auf die anderen weiß, der kann sich in einer vertrauensvollen Beziehung dem anderen öffnen, sein Gesicht zeigen und so konstruktiv Konflikte mit dem Nächsten lösen. Alte Konflikte können vergeben werden. Verzeihen und neu anfangen ist Ausdruck christlicher Nächstenliebe und wird von Jesus als Bereitschaft immer wieder eingefordert. Ja, die Versöhnung mit Gott ist gebunden an die Vergebung gegenüber den Mitmenschen.

Letztlich kann es sein, dass Konflikte nicht gelöst werden können. Für den Christen ist es möglich und sinnvoll, wie das Buch Ijob anschaulich erzählt, seine Wut, seine Trauer, seinen Schmerz Gott selbst zuzusagen, ihm zu übertragen. Übrigens tun manche Kinder Ähnliches, wenn sie zum Beispiel imaginär mit der Puppe über ihre Konflikte sprechen.

Bildungssituation

Der folgende Bericht stammt aus dem Übungskindergarten der Bundesbildungsanstalt für Kindergartenpädagogik in Linz, in dem SchülerInnen praktizieren. Der viergruppige Kindergarten integriert Kinder mit speziellem Förderbedarf und eine Gruppe wird mit unter dreijährigen Kindern geführt.

Die Pädagoginnen haben gemeinsam mit den Kindern ein Modell der Konfliktregelung erarbeitet, das im alltäglichen Miteinander der Kinder angewendet wird. Grundsätzlich geht es darum, bei einer Auseinandersetzung, einem Streit „Stopp" zu sagen, um so den Verlauf eines Konfliktes zu verlangsamen und zu unterbrechen. Dies soll die Kinder dazu führen, ihre Gefühle im Konfliktfall wahrzunehmen, und sie auch vor einer Eskalation zu schützen. Anhand einer gezielten Fragestellung versuchen die Pädagoginnen die Kinder – wenn notwendig – bei der Lösung der Konflikte zu unterstützen. Dieses Lenken des Dialogs in Konfliktsituationen wird von den Kindern gut angenommen. Ziel ist, dass die Kinder von sich aus – ohne Hilfe der Kindergartenpädagogin – ihre Konflikte lösen können.

Das folgende Beispiel schildert eine Konfliktsituation.

Maximilian und Gregor, beide fünf Jahre alt, spielen mit Sonos, dem beliebten Konstruktionsmaterial. Nach einiger Zeit greifen beide zum gleichen Spielteil. Zuerst ziehen die zwei Buben und messen, wer der Stärkere ist. Keiner gibt nach. Es kommt zu ersten Handgreiflichkeiten und Geschrei. Das Stoßen und Schubsen geht weiter. Einer verliert die Geduld und boxt den „Gegner" in den Bauch. Der zweite Bub versucht sich zu wehren, bemerkt die Überlegenheit des anderen und ruft laut: „Stopp!" Ich komme zu Hilfe. Ich bemühe mich, die

Kinder nach folgendem Dialogschema anzuleiten, und frage beide Kinder: „Was ist passiert?" Jedes Kind schildert seine Sichtweise. Ich versuche die Konfliktlösung auf die verbale Ebene zu lenken. „Was wolltest du sagen?" „Was wolltest du von dem anderen?" Dadurch bekommen die Kinder die Möglichkeit, dem Konfliktpartner zu sagen, was sie wütend gemacht hat. Um ein positives Ende zu ermöglichen, ermutige ich die Kinder sich zu versöhnen. Dabei bevorzuge ich die Ausdrucksform „Es tut mir Leid".

Folgende Kompetenzen werden gefördert

Selbstkompetenz:

Die Kinder lernen auch negative Gefühle zu verbalisieren.
Die Kinder können mit Konfliktregelungsritualen umgehen.
Die Kinder lernen ihr Verhalten zu begründen.

Sozialkompetenz:

Die Kinder werden sensibel für die Gefühle der anderen.
Die Kinder lernen die eigenen Bedürfnisse zu artikulieren und die der anderen zu respektieren.
Die Kinder lernen Konflikte untereinander zu lösen.
Die Kinder üben Versöhnungsrituale, z.B. geben sie einander die Hand, spielen wieder miteinander.
Sie lernen mit unterschiedlichen Bedürfnissen und Interessen gewaltfrei umzugehen.

Sachkompetenz:

Die Kinder bringen eigene Konfliktlösungsvorschläge ein.
Die Kinder wenden die vereinbarten Rituale an.

Anregungen für die Planung

- Wie kann ich zu Beginn des Kindergartenjahres eine Konfliktkultur einführen und mit den Kindern erarbeiten?
- Inwieweit können Konfliktsituationen in Gesprächen, Bilderbüchern, Geschichten und Rollenspielen aufgegriffen und bearbeitet werden?
- Die Kindergartenpädagogin hilft mit, dass die Streitparteien ihre Standpunkte und Vorschläge darlegen können.
- Sie unterstützt die Kinder bei der Entwicklung von Friedensritualen, z.B. Handschlag.

Fragen zur Reflexion

- Wie werden die gemeinsam vereinbarten Regeln auf ihre Einhaltung überprüft?
- Wie ist meine eigene Konfliktkultur?
- Wie gehen die Kinder unterschiedlich mit Konflikten um?

Teamarbeit

- Wie gehen wir im Team mit Konflikten um?
- Welchen Stellenwert hat die Konflikt- und Versöhnungskultur in der Einrichtung?
- Inwieweit kommt der christliche Wert der Versöhnung zum Ausdruck?
- Hat sich eine Pädagogin aus dem Team in der Konfliktlösungskompetenz fortgebildet?

Transaktionale Prozesse

Objektivieren:	Die Kinder lernen ein Konfliktlösungsritual kennen.
Subjektivieren:	Individuelle Konfliktsituationen werden miteinander besprochen und gemeinsam wird nach einer Lösung gesucht.
Aneignen:	Das Wiederholen des Lösungsrituals wird im Konfliktfall abgewendet.
Vergegenständlichen:	Die Kinder sprechen miteinander und drücken ihre Versöhnung aus.

Exkurs: Zur Friedenserziehung

Die folgenden Thesen zur Friedenserziehung stammen von H. K. Berg, der ein Kenner der Montessori-Pädagogik ist und von ihr dazu angeregt wurde.

1. Die Stärkung der Person ist die Basis für die Entwicklung der Fähigkeit, positiven Frieden zu stiften, zu halten und zu fördern. Bei Montessori bedeutet diese Konzentration auf die Person, dass Friedenserziehung vom Kind ausgehen muss.
2. Friedenserziehung versucht Kindern zu zeigen, dass sie einmalige, unverwechselbare Personen mit spezifischen Fähigkeiten und Möglichkeiten sind. Für ein friedenspädagogisch relevantes Lernen ist eine vorbereitete Umgebung bereitzustellen, in der die Kinder Anreize und Anlässe vorfinden, ihre Fähigkeiten und Kräfte selbstbestimmt zu entdecken und auszubilden. Darüber hinaus soll sie Möglichkeiten für die Übung einer kommunikativen Kompetenz bieten.
3. Friedenserziehung distanziert sich von jeglicher Erziehung, die auf Konkurrenz und Erfolgsdruck aufbaut. Sie will keine Wettkampfsituationen und versucht, gute Erfahrungen mit erfolgreichen Kooperationen anzuregen.
4. Friedenserziehung will Kinder dazu führen, zu kritischen, handlungsfähigen Subjekten zu werden.
5. Friedenserziehung ermöglicht ermutigende Erfahrungen im Blick auf die Veränderung von Lebensverhältnissen, welche die Person einschränken. Die Kinder sollen sich Zuversicht aneignen, dass sie Verhältnisse verändern können.
6. Friedenserziehung ist Wahrnehmungsschulung. Sie versucht, die Einstellung zum anderen zu verändern: Nicht Abwehr und Angst, sondern Neugier und Erwartung, vom anderen zu lernen und die eigenen Möglichkeiten zu erweitern, stehen im Vordergrund.
7. Friedenserziehung hilft die Sprache der Gewalt aufzuzeigen, zu vermeiden und Konfliktregelungstechniken zu erlernen, wie den Ablauf zu rekonstruieren, über die Gefühle zu sprechen, Lösungen zu überlegen und sich zu einigen.
8. Friedenserziehung ist auch eine Erziehung zum Nein-sagen-Lernen. Konflikte sind nichts Außergewöhnliches.

9. Friedenserziehung versucht gute Erfahrungen mit der Entwicklung der Person und der Friedensarbeit anzuregen und im Gespräch bewusst zu machen.
10. Friedensarbeit ist getragen von der Vorstellung, dass nur begrenzt und bruchstückhaft das Friedensreich errichtet werden kann. Gleichzeitig stützt sie sich auf die Vision einer Welt in Gerechtigkeit, Liebe und Harmonie. Montessoris Idee von der Kraft der Schwachen zeigt: Wenn ihr den Frieden wollt, macht die Kinder stark.

(nach dem Artikel „Macht die Kinder stark" von H. K. Berg, in: ru – Ökumenische Zeitschrift für den Religionsunterricht, 31. Jg., Heft Nr. 4/2001)

Zum Weiterlesen
Frantz Wittkamp: Wir wollen uns wieder vertragen, Verlag Ellermann, Hamburg 2000
Dolf Verroen/Wolf Erlbruch: Der Bär auf dem Spielplatz, Verlag Beltz, Weinheim 1997
Adelheid Dahimène/Heide Stöllinger: Esel, Verlag Nö. Pressehaus, St. Pölten 2002
Tove Appelgren/Salla Savolainen: Josefine findet heute alles doof, Verlag Oetinger, Hamburg 2003
Helmut Kollars: Es war einmal ein Zauberer ganz allein, Verlag Beltz, Wien 1996
Achim Bröger/Julia Ginsbach: Jetzt ist Nina nicht mehr sauer, Verlag Arena, Weinheim 2003
Kurt Faller/Sabine Faller: Kinder können Konflikte klären, Ökotopia, Münster 2002

Wir sind Kinder dieser einen Welt – Interreligiöses Lernen

Die Welt ist heute bunter und unübersichtlicher geworden – auch in religiöser Hinsicht. In der Arbeitswelt oder auf der Straße, im Kindergarten oder in der Schule – überall müssen wir damit rechnen, auf Menschen zu treffen, die unterschiedlichen Religionen angehören. Denn die weltweite Mobilität großer Menschengruppen, wie Kriegs- und Armutsflüchtlinge, Gastarbeiter, Künstler, Wissenschaftler, prägt unsere Lebenswelt. Alle diese Menschen tragen in ihrem „Gepäck" ihre jeweiligen religiösen Überzeugungen und Erfahrungen mit und bringen sie in ihre neue Umgebung mit ein. Gleichzeitig erleben diese Menschen auch oft eine religiöse Entwurzelung, da sie nicht mehr in ein religiös einheitliches, soziales Umfeld eingebunden sind. Unterschiedliche Reaktionen – wie klare Abgrenzungen und Abschottungen oder Assimilation um jeden Preis – und starker Druck sind die Folge.

Grundlage eines interkulturellen und interreligiösen Miteinanders können die Menschenrechte sein, welche die Achtung der Menschenwürde, den Respekt vor der Vielfalt der Kulturen und Religionen einfordern. Die Menschenrechte schützen politisch-rechtlich auf der Basis der Gleichberechtigung alle Menschen mit ihren jeweiligen religiösen Überzeugungen und Prägungen sowohl als Einzelne als auch als Gemeinschaft mit anderen. Die Orientierung an den Menschenrechten hilft einer multikulturellen und multireligiösen Gesellschaft, ausdrücklich Raum zu geben für Menschen verschiedener religiöser Überzeugungen und Praktiken, für Synkretisten, für Ungläubige, für Menschen, die nicht genau wissen (wollen), welcher Religion sie angehören. Die Menschen können miteinander in einer Gesellschaft leben und wirken, auch wenn sie einander nicht immer verstehen. Differenzen und Grenzen können bestehen, weil die Rechte des jeweils anderen abgesichert sind. Für das Verstehen des „Andersgläubigen" braucht es eine Kompetenzerweiterung im Wissen über andere religiöse Überzeugungen und anderes Sozialverhalten. Die Brille der eigenen religiösen Prägung und ihre Färbung ist dabei zu erkennen und manchmal bewusst abzulegen.

Kindergärten sind ein Spiegelbild der Gesellschaft. Ausländische Kinder aus unterschiedlichen Nationen und Religionen sind daher ebenfalls in den Kindertageseinrichtungen zu finden. Zudem ist es für die meisten Kinder nichts Ungewöhnliches, in ihrem Alltag mit Menschen anderer Hautfarbe, Sprache … aufzuwachsen. Gerade Vorschulkinder gehen ohne Vorbehalte mit den multikulturellen und multireligiösen Bedingungen um.

Selbstverständlich gelten auch für die Kindergärten und das Zusammenleben die Menschenrechte, welche ganz besonders die Rechte der Minderheiten schützen. Da der Kindergarten die elterliche Erziehung ergänzt, sind für das Zusammenleben im Kindergarten die Eltern über etwaige Vorhaben zu informieren, bzw. die Eltern können von ihrem Elternrecht Gebrauch machen: Manche Eltern zum Beispiel wollen nicht, dass ihr Kind in die katholische Kirche mitgeht. Daran sind auch private Erhalter von Kindergärten gebunden. Interreligiöse Bildungsarbeit, die positiv und engagiert auf die multireligiöse Vielfalt in der Gesellschaft vorbereiten will, kann nach Hugoth so verstanden werden:

Es sind Lernprozesse bei Kindern unterschiedlicher religiöser Zugehörigkeit anzuregen, die sie mit der Welt der Religionen bekannt machen, die sie das jeweils Spezifische und Unterscheidende der Religionen wahrnehmen und Gemeinsamkeiten entdecken lassen, die sie dann dazu befähigen, einander mit Offenheit, Interesse und Toleranz zu begegnen, und auch das, was trennt und unvereinbar ist, auszuhalten. Es sind weiters Lernprozesse zu initiieren, durch die ihnen begreiflich wird, welche Bedeutung Religion an sich und die Religionen in ihrer unterschiedlichen Ausprägung für das Leben der Menschen ... haben.

Religionspädagogischer Hintergrund

Religiöse Dimension

Angesichts der fortschreitenden Säkularisierung und des Verschwindens der traditionellen Religionen in Europa erscheint es wichtiger denn je, dass die Vertreter der großen Religionen aufeinander zugehen, Vorurteile, Fanatismus abbauen und sich untereinander solidarisieren, um die konkreten Nöte der Welt zu vermindern und an einer guten Zukunft der Menschen zu arbeiten.

Dabei geht es um keine Einheitsreligion, sondern um das Herausarbeiten des Gemeinsamen und des Verbindenden. Ähnliche Ziele gelten für alle Kindergärten, wenn sie die Kinder mit ihrer jeweiligen Religiosität ernst nehmen und sie dabei positiv begleiten wollen.

Schritte (Ziele) interreligiösen Lernens nach M. Hugoth können sein:

- Die anderen Religionen wahrnehmen
- Unterschiedliche Reaktionen wahrnehmen und sich des eigenen Verhaltens bewusst werden
- Mit Vorurteilen umgehen lernen
- Gemeinsam etwas unternehmen
- Mit religiösen Bräuchen und Festen vertraut werden
- Ermutigung erfahren

Christliche Dimension

Die biblische Tradition wird an zwei Geschichten sehr deutlich. Jesus heilt die Tochter einer heidnischen Frau (Mk 7,24–30) und erzählt die beispielhafte Geschichte vom barmherzigen Samariter (von einem Andersgläubigen). Jesus hat also die Heiden in sein heilendes Wirken mit eingeschlossen und das soziale Verhalten eines von vielen seiner Landsleute gemiedenen Menschen als Beispiel hingestellt. Fremde, Andersglaubende werden in das Heilsgeschehen miteinbezogen. Die Kirche, die das heilende Wirken Jesu weiterführt, hat somit einen klaren Auftrag.

Aufgrund ihrer dominierenden (auch politischen) Stellung hat sich die katholische Kirche später sehr schwer getan, sich zur Religionsfreiheit zu bekennen. In der Erklärung des II. Vatikanischen Konzils zu den nichtchristlichen Religionen werden erstmals ausdrücklich deren positive Werte dargestellt. Heute sind der Dialog mit den Religionen, die Begegnung mit den betreffenden Menschen und die Zusammenarbeit mit ihnen besonders im karitativen Bereich ausdrücklich erwünscht.

Dem Kindergarten in kirchlicher, christlicher Trägerschaft, in dem die religiöse Erziehung wesentlich zur pädagogischen Arbeit gehört, kommt auch in der interreligiösen Erziehung eine beispielhafte Rolle zu. Die Unterstützung durch den Träger/Erhalter ist dabei sehr notwendig, da er die Kindergartenpädagoginnen in ihrer Arbeit bestärken und zwischen den Erwartungen, Ängsten der Familien bzw. Erziehungsberechtigten unterschiedlicher religiöser Überzeugungen vermitteln kann.

Bildungssituation: Feier des Zuckerfestes

Der zweigruppige kirchliche Kindergarten liegt im nördlichen Stadtgebiet von Linz. Das Kindergartenteam hat sich schon vor Jahren mit dem Profil der Einrichtung auseinander gesetzt und entwickelt dieses ständig weiter. Die ehemalige Nähe zu einer Galerie (Neue Galerie der Stadt Linz) wurde erfolgreich in die Konzeption des Kindergartens integriert und hat sich zu einem pädagogischen Schwerpunkt entwickelt. Die Kinder besuchen Ausstellungen und setzen sich unter anderem gestalterisch damit auseinander. Ein weiterer Schwerpunkt ist die Integration von Kindern mit besonderen Bedürfnissen und auch die Integration von Kindern mit nichtdeutscher Muttersprache. Um das Verständnis für andere religiöse Feste und Traditionen zu vertiefen, feierten wir ein Zuckerfest. Einige Jahre unterstützte uns im Rahmen eines Projekts eine zusätzliche Kraft, die Serbokroatisch sprach.

Tunus, ein türkischer Bub, freute sich schon seit Tagen auf das bevorstehende Zuckerfest und erzählte uns aufgeregt davon, wie es bei ihm zu Hause gefeiert wird. Das Zuckerfest wird in den muslimischen Ländern im Anschluss an den anstrengenden Fastenmonat Ramadan gefeiert und dauert meist drei Tage. Seinen Namen hat es von den beliebten Süßigkeiten, die den Kindern geschenkt werden. Im Mittelpunkt des Festes stehen Besuche in der Moschee und Besuche bei Verwandten. Die anderen Kinder fanden dies sehr interessant und einige von ihnen machten den Vorschlag, dieses Fest miteinander auch im Kindergarten zu feiern.

Mir gefiel diese Idee ebenfalls und ich sprach mit der Mutter von Tunus darüber, um mir Anregungen für die Festgestaltung zu holen. Wir beschlossen, das Fest in Anlehnung an unsere Geburtstagsfeiern im Kindergarten zu gestalten. Dafür verzierten wir unseren „Geburtstagsbogen" mit Blumen und Zuckerln und bereiteten eine Festtafel vor. Die Kinder zeichneten Tischkärtchen und schmückten den Tisch mit Blumen und Servietten. Am Vortag bereiteten wir „Hurmaice" zu, eine typische süße Mehlspeise.

Tunus' Mutter hatte sich bereiterklärt, das Fest gemeinsam mit uns zu feiern. Auch der Bruder von Tunus feierte mit und es fiel den Kindern auf, dass sie alle sehr festlich gekleidet waren. Am Beginn unserer Feier erzählte Tunus' Mutter über das Zuckerfest in ihrer Heimat und zeigte uns auch Fotos davon. Wir hörten türkische Musik und machten Spiele, die mit Süßigkeiten belohnt wurden.

Die gemeinsame Festjause mit Kuchen beendete die Feier. Beim Abholen luden wir auch die Eltern ein, Kuchen und Süßigkeiten zu kosten.

Folgende Kompetenzen werden gefördert

Selbstkompetenz:

Die Kinder nehmen Unterschiede von Religionen wahr.
Sie werden sich ihrer eigenen religiösen Tradition bewusst und fühlen sich einer bestimmten Religionsgemeinschaft zugehörig.
Die Kinder entwickeln ihre eigene Religiosität weiter.

Sozialkompetenz:

Die Kinder gehen achtsam mit den Bedürfnissen und Gefühlen anderer Menschen um.
Sie lernen tolerant mit anderen Vorstellungen und Verhaltensweisen umzugehen.
Sie anerkennen andere Religionen, Sitten und Bräuche.
Sie feiern gemeinsam Feste anderer Kulturen und Religionen.

Sachkompetenz:

Sie lernen verschiedene Religionen, Gemeinsamkeiten und Unterschiede kennen.

Fragen zur Reflexion

- Welches Bild von der jeweiligen Religion trage ich in mir? Von welchen Erfahrungen ist es geprägt?
- Welche Erfahrungen habe ich im Umgang mit ausländischen Familien gemacht?
- Ein Gespräch darüber im Team könnte hilfreich sein.

Anregungen für die Praxis

- Ausgehend von den Urlaubserlebnissen darüber berichten, Fotos und Mitbringsel anschauen.
- Geschichten hören, Sach- und Bilderbücher betrachten.
- Lieder, Tänze kennen lernen; Sprache und Musik hören.
- Einfache Wörter, Reime, Spiele und Lieder in anderen Sprachen lernen.
- Kochen von Spezialitäten der Länder, aus denen die Kinder stammen.
- Multikulturelles Sommerfest: Alle Eltern werden zur aktiven Mitarbeit eingeladen, um ein multikulturelles Buffet zuzubereiten.

Transaktionale Prozesse

Objektivieren: Die Kinder lernen ein muslimisches Fest kennen.
Subjektivieren: Die Kinder greifen die Idee des Zuckerfestes auf und informieren sich darüber.
Aneignen: Die Kinder machen Vorschläge für die Feier.
Vergegenständlichen: Die Kinder bereiten eine Süßspeise zu.

Zum Weiterlesen
Dietmar Krausneker: Im Anders-Gläubigen den Anders-Gläubigen entdecken, in: Unsere Kinder 2/1996, 44–48
Matthias Hugoth: Fremde Religionen – fremde Kinder?, Leitfaden für interreligiöse Erziehung, Verlag Herder, Freiburg 2003
Ulrike Stadlbauer: Wir sind Kinder dieser Welt. Eine Werkmappe zur multikulturellen und interreligiösen Erziehung im Kindergarten, Caritas für Kinder und Jugendliche Linz, 2002
Hetty Krist/Georg Telemann: Die Kürbisrassel, Verlag Herder, Freiburg 1995
Jamila Gavin: Kinder aus aller Welt, Verlag Löwe, Bindlach 1998
Patrick Addai: Die Großmutter übernimmt das Fernsehen, Verlag Andinkra, Bad Schallerbach 1999
Max Velthuis: Frosch und der Fremde, Verlag Sauerländer, Aarau 1992
Satomi Ichikawa: Was macht ein Bär in Afrika, Verlag Moritz, Frankfurt 2000
Christine Wendt/Josef Guggenmos: Emy in der Fremde, Verlag Patmos, Düsseldorf 1994

Wir leben im gemeinsamen Haus – Solidarität ist gefragt

Ist Solidarität ein frommer Wunsch angesichts der liberalen, globalisierten Wirtschaft? Sind wir auf dem Weg zu einer entsolidarisierten Zweidrittelgesellschaft, wie sie im Bild einer ichbezogenen Gesellschaft in den Medien dargestellt wird? Studien zur Werteforschung zeigen demgegenüber einen hohen Wunsch nach Solidarität. Besonders im kleinen Bereich der Familie, in überschaubaren Lebenswelten wird Solidarität auch gelebt. Die christlichen Kirchen haben in der Frage der Solidarität ein hohes Ansehen, christliche Solidarität kann als Teilhabe aller Menschen an den Lebenschancen, an der Fülle der Lebensmöglichkeiten der einen Erde verstanden werden. Somit ist es Aufgabe dieser Kirchen, den Menschen zu vermitteln und vorzuleben, dass Solidarität in ganz besonderer Weise gefragt ist, wo alle eingeladen sind, am Reichtum der Schöpfung teilzuhaben, und wo ganz besonders mit jenen geteilt wird, die am Rande stehen, die Not leiden, die jenseits unserer kleinen gehüteten Lebensinseln leben.

Auch Kindergartenkinder erfahren von Lebenssituationen in anderen Ländern. Sie begegnen im Kindergarten Flüchtlingskindern, sie hören von den Erwachsenen und sehen im Fernsehen Informationen über Naturkatastrophen, Kriege. Dies kann für die Kinder bedrohlich wirken, wenn nicht darüber gesprochen wird. Es ist daher wichtig, mit den Kindern über die Hilfe, die bereits geschieht, zu reden und gemeinsam zu überlegen, welchen Beitrag der Kindergarten leisten kann. Die eine Welt ist auch für sie schon großteils Realität geworden und sie spüren oft Zusammenhänge.

Das Bild vom gemeinsamen Haus der einen Welt, in dem alle Menschen gut und menschenwürdig miteinander leben können, wie es Wolfgang Esser und Susanne Kothen in ihrem Buch „Die Seele befreien" vorschlagen, könnte ein brauchbares Modell zur solidarischen Erziehung im Kindergarten sein.

Wesentliche Voraussetzungen eines solidarischen Handelns sind die Ichstärke und die Beziehungsfähigkeit. Wenn die Kinder sich selbst annehmen, die eigenen Kräfte einschätzen und sich als wertvoll erleben, können sie anderen Menschen ohne Angst entgegengehen und Beziehungen aufnehmen. Erste Schritte auf dem Weg zum solidarischen Tun sind: die Schulung der sinnlichen Wahrnehmung, die Förderung des Mitfühlens (Empathie) und des Gemeinsam-etwas-Unternehmens. Langsam kann dann das Interesse und Verständnis für Lebenssituationen und Lebensarten der weiteren Umgebung und später anderer Länder geweckt werden.

Religionspädagogischer Hintergrund

Religiöse Dimension

Solidarisches Handeln wird von vielen Gruppierungen eingefordert. Die Arbeiterbewegungen verwendeten diesen Begriff mit kämpferischem Inhalt im Klassenkampf. Politische Parteien fordern Solidarität ein. Der Nächste als gleichwertiger Mensch hat den Anspruch auf meine Solidarität mit ihm. Dieses solidarische Handeln ist zum Beispiel im Islam durch die Almosensteuer an die Armen in der Gemeinde verpflichtend. Auch im Judentum gibt es eine Vielzahl von Sozialgeboten, die einen Ausgleich zwischen Reich und Arm fordern.

Christliche Dimension

Solidarität wird als eine christliche Tugend, Haltung verstanden, die ausdrücklich auch die Feindesliebe mit einschließt. Der Christ glaubt an einen Gott, der für ihn Vater/Mutter aller Menschen ist, der alle Menschen absolut bejaht und uneingeschränkt liebt. Er will, dass es allen Menschen gut geht. Beispielhaft hat dies Jesus durch seine Einladungen an die unterschiedlichsten Menschen – ob reich oder arm, ob Gerechter oder Sünder – zum gemeinsamen Essen ausgedrückt. In dieser Communio (Gemeinschaft) kommt Solidarität als Teilhabe aller an der Liebe Gottes und der geschwisterlichen Liebe untereinander am stärksten zum Ausdruck. Am Beispiel der Geschichte vom barmherzigen Samariter zeigt Jesus auf, dass jener, der sich von einem in Not Befindlichen nicht berühren lässt, sich ihm nicht nahe stehend erlebt und zum Gottesdienst eilt, den falschen Weg geht. An der Not des Mitmenschen, gleich ob Freund oder Feind, führt kein Weg zu Gott vorbei.

Bildungssituation

Der folgende Praxisbericht wurde uns von einem zweigruppigen kirchlichen Kindergarten, der sich auf dem Land befindet, zur Verfügung gestellt. Die Kindergartenpädagogin unterstützt mit großem persönlichem Engagement im Rahmen der Hilfsorganisation „Helfen Wir" einen Kindergarten in Kuyasa/Südafrika. Im vergangenen Jahr hatte sie die Möglichkeit, selbst nach Afrika zu reisen und den Kindergarten in dem kleinen Dorf Gwadane zu besuchen.
Im Zuge der Vorbereitungen entwickelte sich das Thema zu einem pädagogischen Schwerpunkt, an dem sich die Kinder und Eltern aktiv beteiligten.

Ich erzählte den Kindern von meiner bevorstehenden Reise nach Südafrika und meiner Idee, anlässlich des Martinsfestes eine Hilfsaktion für den afrikanischen Kindergarten durchzuführen. Anhand von Sach- und Bilderbüchern, Bildern aus Zeitschriften, Gesprächen, Liedern, Tänzen und Spielen beschäftigten wir uns mit der Lebensweise von Menschen in Afrika. Die Kinder verkleideten sich beim Martinsfest als „Kinder dieser Erde" und zeigten einen Lichtertanz zum Lied „Alle Kinder dieser Erde". Ein Kind begleitete mit der Djembe. Außerdem stellte ich das geplante Projekt vor und bat um Unterstützung.

Wir starteten eine Spendenaktion mit den Familien und sammelten Spielmaterial und Kleidung, die wir nach Afrika schickten. Bei einem Elternabend nähten wir Wärmekissen und an einem Eltern-Kind-Nachmittag bemalten wir Kerzenständer aus Gips, batikten Einkaufstaschen, gossen Kerzen usw. Die angefertigten Basteleien verkauften wir bei einem Pfarrcafé. Mit dem Spendengeld der Eltern und dem Erlös des Verkaufs konnte ich gemäß dem Wunsch der südafrikanischen Kindergartenpädagogin Tische, Sesseln und Schreibmaterial ankaufen.

Mit vielen Eindrücken kehrte ich von meiner Reise zurück und es war mir ein großes Anliegen, alle, die mich bei dieses Projekt so tatkräftig unterstützt hatten, zu einem Eltern-Kind-Nachmittag einzuladen. Ich zeigte ihnen mittels Videobeamer die Fotos meiner Afrikareise und sie konnten sehen, dass ihre Spenden gut angekommen waren. Als Dankeschön für die Unterstützung bekam jede Familie ein aus den Fotos gestaltetes Lesezeichen.

Folgende Kompetenzen werden gefördert

Selbstkompetenz:

Die Kinder bringen Vorschläge zum solidarischen Handeln ein.
Die Kinder achten unterschiedliche Lebensstile.
Die Kinder werden in ihrer Ich-Kompetenz gestärkt und erleben sich als wertvolle Wesen.
Die Kinder lernen die Bedürfnisse anderer Kinder kennen.

Sozialkompetenz:

Die Kinder fühlen sich in die Lebensumstände von Menschen in anderen Ländern ein.
Sie begegnen Menschen aus anderen Kulturen und Religionen verständnisvoll.

Sachkompetenz:

Die Kinder lernen fremde Lebensgewohnheiten und Bräuche aus verschiedenen Ländern kennen.
Die Kinder fertigen verschiedene Gegenstände für den Verkauf beim Martinsfest an.
Die Kinder festigen unterschiedliche Fertigkeiten und Techniken.

Anregungen für die Planung

- Wie kann man solche Aktionen mit dem Leben der Kinder und dem Kindergartenalltag in Verbindung bringen?
- Wie kann man den Kindern die Lebensumstände der Menschen in anderen Ländern pädagogisch und altersgerecht nahe bringen?
- Wie können die Werte dieser anderen Kulturen aufgezeigt werden?

Fragen zur Reflexion

- Welche Kinder haben in welcher Form teilgenommen?
- Wie kann man die anderen eventuell noch motivieren?
- Haben die Kinder zusammengeholfen oder wollten sie einander übertrumpfen?
- Haben die Kinder über den Kindergarten hinaus die Aktion in der Familie, bei Freunden, Bekannten angesprochen?
- Was hat die Aktion für das Zusammenleben in der Gruppe gebracht?

Transaktionale Prozesse

Objektivieren: Die Kinder erfahren, dass es in der Welt ungerechte Zustände gibt.
Subjektivieren: Die Kinder bringen ihre Erfahrungen (aus Fernsehen, von Gesprächen mit Erwachsenen ...) ein.
Aneignen: Die Kinder setzen sich mit der Situation der Kinder des Projektes auseinander und überlegen, wie sie ihnen helfen könnten.
Vergegenständlichen: Die Kinder beteiligen sich an der Hilfsaktion.

Religionspädagogische Tipps

- Von Vorteil ist es, wenn Kinder für Kinder aktiv werden.
- Im Vordergrund sollte ein Beziehungsaufbau, nicht die Sachspenden stehen.
- Wenn die Kindergartenpädagogin aus eigener Erfahrung erzählen kann, hat dies eine besondere Qualität für die pädagogische Arbeit.
- Pädagogisch wertvoll wird so eine Aktion, wenn die Kinder die positive Veränderung bei den Projektkindern sehen.

Zum Weiterlesen
Wolfgang G. Esser/Susanne Kothen: Die Seele befreien. Kinder spirituell erziehen, Kösel-Verlag, München 2005

Unsere Kinder

Fachzeitschrift für Kindergarten- und Kleinkindpädagogik

www.unserekinder.at

Seit Jahrzehnten erscheint UNSERE KINDER, Österreichs einzige Fachzeitschrift für Kindergarten- und Kleinkindpädagogik.

Tausende KindergartenpädagogInnen, HorterzieherInnen und viele andere, die beruflich oder privat mit Kindern zu tun haben, schätzen sechsmal im Jahr die fundierten fachlichen Informationen und konkreten Praxisberichte in gediegener grafischer Aufbereitung. Dazu in jedem Heft vier Seiten mit Buchbesprechungen empfehlenswerter Kinder- und Fachbücher. Unentbehrlich für Ausbildung und Beruf!

UNSERE KINDER
Kapuzinerstraße 84, A-4020 Linz
Tel. 0732/7610-2091, Fax 0732/7610-2099
E-Mail: unsere.kinder@caritas-linz.at

Bestellungen und Anfragen bitte an nebenstehende Adresse.

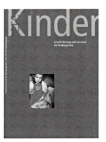 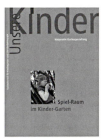 

Sonderhefte zu Schwerpunktthemen:

- „Lesen mag ich sehr gern" – Leselust und Leseförderung im Kindergartenalter
- „Spiel-Raum im Kinder-Garten" – Naturnahe Gartengestaltung
- „Schachtelbaustelle"– Ein Praxismodell